职业技术 · 职业资格培训教材

珠宝首饰营业员

主　编　储卫民

编　者　刘学良　高　原　章越颖

主　审　赵皎黎　施　健

五级

第2版

中国劳动社会保障出版社

图书在版编目(CIP)数据

珠宝首饰营业员：五级/上海市职业培训研究发展中心组织编写. —2版. —北京：中国劳动社会保障出版社，2011

1＋X 职业技术·职业资格培训教材

ISBN 978-7-5045-9261-3

Ⅰ.①珠… Ⅱ.①上… Ⅲ.①宝石-销售学-技术培训-教材②首饰-销售学-技术培训-教材 Ⅳ.①F768.7

中国版本图书馆 CIP 数据核字(2011)第 198579 号

中国劳动社会保障出版社出版发行

(北京市惠新东街1号 邮政编码：100029)

出 版 人：张梦欣

*

三河市华骏印务包装有限公司印刷装订 新华书店经销
787 毫米×1092 毫米 16 开本 14.75 印张 277 千字
2012 年 2 月第 2 版 2015 年 11 月第 3 次印刷
定价：28.00 元

读者服务部电话：010-64929211/64921644/84643933
发行部电话：010-64961894
出版社网址：http://www.class.com.cn

版权专有 侵权必究
举报电话：010-64954652

如有印装差错，请与本社联系调换：010-80497374

内容简介

本教材由人力资源和社会保障部教材办公室、中国就业培训技术指导中心上海分中心、上海市职业培训研究发展中心依据上海1+X珠宝首饰营业员（五级）职业技能鉴定细目组织编写。教材从强化培养操作技能、掌握实用技术的角度出发，较好地体现了当前最新的实用知识与操作技术，对于提高从业人员基本素质，掌握珠宝首饰的核心知识与技能有直接的帮助和指导作用。

本教材在编写中根据本职业的工作特点，以能力培养为根本出发点，采用模块化的编写方式。本教材内容共分为10章：中国珠宝首饰商业概述、职业道德、珠宝首饰营业员柜台管理、珠宝首饰柜组核算、珠宝首饰计量与鉴定证书常识、宝石基本知识、钻石、常见珠宝玉石、贵金属、贵金属首饰。

本教材可作为珠宝首饰营业员（五级）职业技能培训与鉴定考核用教材，也可供全国中、高等职业技术院校相关专业师生参考使用，以及本职业从业人员培训使用。

改版说明

《1+X职业技术·职业资格培训教材——珠宝首饰营业员（初级）》自2004年出版以来，受到了从业人员的欢迎，在珠宝首饰销售和营业人员的职业技能培训和资格鉴定考试中发挥了较好的作用。由于宝玉石行业的国家标准进行了修订，特别是近年来黄金珠宝零售行业的快速发展，对珠宝首饰销售和营业人员提出了新的要求和工作标准。为此，2011年人力资源和社会保障部教材办公室与上海市职业培训研究发展中心联合组织有关方面的专家和技术人员，依据新版珠宝首饰营业员职业技能鉴定细目对教材进行了改版工作，使教材能够适应社会的发展和珠宝首饰行业的需要，更好地为广大从业人员和读者服务。

第2版教材在结构、内容和形式上相对于第1版的教材有了许多变化。在珠宝首饰营业员职业道德、服务礼仪、销售技艺和柜台管理方面，结合珠宝首饰零售行业特点，增加了许多针对珠宝首饰销售营业人员的内容，在宝石常识、宝石鉴定识别、贵金属首饰方面根据国家修订标准进行了更新和扩充，并增加了图片演示和归纳总结表式，使教材更具有实用性和操作性，便于从业人员和读者掌握。

本书在编写过程中，得到了上海市技师协会珠宝钟表专业委员会和上海市消费者权益保护委员会的支持和指导，上海商旅职业技能培训中心提供了大量的数据资料和教学实训经验。同济大学高等技术学院朱静昌、华东理工大学宝石检测中心王以群、百联集团商贸学院于人等在教材编写过程中提供了指导和帮助。对此，我们表示衷心的感谢。

教材中若存在不足和疏漏，欢迎读者和专家批评指正。

前　言

职业培训制度的积极推进，尤其是职业资格证书制度的推行，为广大劳动者系统地学习相关职业的知识和技能，提高就业能力、工作能力和职业转换能力提供了可能，同时也为企业选择适应生产需要的合格劳动者提供了依据。

随着我国科学技术的飞速发展和产业结构的不断调整，各种新兴职业应运而生，传统职业中也越来越多、越来越快地融进了各种新知识、新技术和新工艺。因此，培养合格的、适应现代化建设要求的高技能人才就显得尤为迫切。近年来，上海市在加快高技能人才建设方面进行了有益的探索，积累了丰富而宝贵的经验。为优化人力资源结构，加快高技能人才队伍建设，上海市人力资源和社会保障局在提升职业标准、完善技能鉴定方面做了积极的探索和尝试，推出了1+X培训与鉴定模式。1+X中的1代表国家职业标准，X是为适应上海市经济发展的需要，对职业的部分知识和技能要求进行的扩充和更新。随着经济发展和技术进步，X将不断被赋予新的内涵，不断得到深化和提升。

上海市1+X培训与鉴定模式，得到了国家人力资源和社会保障部的支持和肯定。为配合上海市开展的1+X培训与鉴定工作的需要，人力资源和社会保障部教材办公室、中国就业培训技术指导中心上海分中心、上海市职业培训研究发展中心联合组织有关方面的专家、技术人员共同编写了职业技术·职业资格培训系列教材。

职业技术·职业资格培训教材严格按照1+X鉴定考核细目编写，教材内容充分反映了当前从事职业活动所需要的核心知识与技能，较好地体现了适用性、先进性与前瞻性。聘请编写1+X鉴定考核细目的专家，以及相关行业的专家参与教材的编审工作，保证了教材内容的科学性及与鉴定考核细目、题库的紧密衔接。

职业技术·职业资格培训教材突出了适应职业技能培训的特色，不仅有助于读者通过鉴定考核，而且能够真正掌握本职业的核心技术与操作技能，从而实现从懂得了什么到会做什么的飞跃。

职业技术·职业资格培训教材立足于国家职业标准，也可为全国其他省市开展新职业、新技术职业培训和鉴定考核，以及高技能人才培养提供借鉴或参考。

新教材的编写是一项探索性工作，由于时间紧迫，不足之处在所难免，欢迎各使用单位及个人对教材提出宝贵意见和建议，以便教材修订时补充更正。

人力资源和社会保障部教材办公室
中国就业培训技术指导中心上海分中心
上海市职业培训研究发展中心

目 录

第1章 中国珠宝首饰商业概述

第1节 中国珠宝首饰商业 …………………………… 2
  学习单元1 中国珠宝首饰商业的产生 …………… 2
  学习单元2 珠宝首饰商业发展的趋势 …………… 5

第2节 现代珠宝首饰市场 …………………………… 7
  学习单元1 中国珠宝首饰市场 …………………… 7
  学习单元2 国际珠宝首饰市场 …………………… 9

第2章 职业道德

第1节 职业道德概述 ………………………………… 14
  学习单元1 职业道德的产生与发展 ……………… 14
  学习单元2 商业职业道德的产生与发展 ………… 15

第2节 珠宝首饰营业员的职业道德 ………………… 17
  学习单元1 珠宝首饰营业员职业道德的内容 …… 17
  学习单元2 珠宝首饰营业员职业道德的发展 …… 18

第3章 珠宝首饰营业员柜台管理

第1节 珠宝首饰营业员柜台业务 …………………… 22
  学习单元1 珠宝首饰商品流转环节 ……………… 22
  学习单元2 商业票据管理 ………………………… 31
  学习单元3 商品销售趋势分析 …………………… 36

第2节 珠宝首饰营业员柜台服务 …………………… 38
  学习单元1 珠宝首饰营业员柜台售货过程 ……… 38

学习单元2　珠宝首饰营业员柜台服务礼仪、语言规范 ………………………………………………………………………… 41

　　学习单元3　首饰搭配常识 …………………………… 48

　　学习单元4　珠宝首饰商业心理学 …………………… 53

　　学习单元5　珠宝首饰营业矛盾处理 ………………… 56

　　学习单元6　珠宝首饰安全管理 ……………………… 59

第3节　珠宝首饰商品陈列

　　学习单元1　珠宝首饰商品展示 ……………………… 60

　　学习单元2　珠宝首饰店铺商品的陈列 ……………… 62

第4章　珠宝首饰柜组核算

第1节　珠宝首饰柜组核算概念 …………………………… 68

　　学习单元1　珠宝首饰柜组核算内容 ………………… 68

　　学习单元2　珠宝首饰柜组核算方法 ………………… 69

第2节　珠宝首饰柜组经营数据统计 ……………………… 70

　　学习单元1　珠宝首饰柜组经营数据计算 …………… 70

　　学习单元2　珠宝首饰商品柜组经营数据的管理目标 ………………………………………………………… 72

第5章　珠宝首饰计量与鉴定证书常识

第1节　计量单位 …………………………………………… 74

　　学习单元1　长度计量单位 …………………………… 74

　　学习单元2　质量计量单位 …………………………… 75

第2节　常用计量用具 ……………………………………… 76

　　学习单元1　常用长度计量用具 ……………………… 76

学习单元 2　电子天平 …………………………… 80
　第 3 节　宝石鉴定证书 ………………………………… 83
　　学习单元 1　认证标准 …………………………… 83
　　学习单元 2　鉴定证书 …………………………… 84

第 6 章　宝石基本知识
　第 1 节　宝石概述 ……………………………………… 92
　　学习单元 1　宝石的概念 ………………………… 92
　　学习单元 2　宝石的分类 ………………………… 93
　　学习单元 3　宝石的命名 ………………………… 96
　第 2 节　宝石基本性质 ………………………………… 100
　　学习单元 1　宝石的物理性质 …………………… 100
　　学习单元 2　宝石的特殊光学效应 ……………… 108
　　学习单元 3　宝石琢型 …………………………… 109
　　学习单元 4　宝石常用观察仪器 ………………… 112

第 7 章　钻　　石
　第 1 节　钻石常识 ……………………………………… 122
　　学习单元 1　钻石概念 …………………………… 122
　　学习单元 2　钻石国际组织 ……………………… 126
　第 2 节　钻石的基本性质与分级标准 ………………… 129
　　学习单元 1　钻石的物理、化学性质 …………… 129
　　学习单元 2　钻石的光学、电学性质 …………… 131
　　学习单元 3　钻石的分级常识 …………………… 133

第8章 常见珠宝玉石

第1节 常见宝石 ……………………………………………… 138
  学习单元1　刚玉族宝石 …………………………………… 138
  学习单元2　绿柱石族宝石 ………………………………… 145
  学习单元3　金绿宝石族宝石 ……………………………… 151
  学习单元4　水晶 …………………………………………… 157

第2节 常见玉石 ……………………………………………… 160
  学习单元1　翡翠 …………………………………………… 160
  学习单元2　软玉 …………………………………………… 165
  学习单元3　蛇纹石玉 ……………………………………… 168
  学习单元4　欧泊 …………………………………………… 172
  学习单元5　玉髓、玛瑙 …………………………………… 175
  学习单元6　东陵石 ………………………………………… 178

第3节 常见有机宝石和人工宝石 …………………………… 180
  学习单元1　珍珠 …………………………………………… 180
  学习单元2　合成立方氧化锆 ……………………………… 187

第9章 贵金属

第1节 黄金 …………………………………………………… 192
  学习单元1　黄金的概念与特征 …………………………… 192
  学习单元2　黄金在首饰中的应用 ………………………… 195

第2节 铂金 …………………………………………………… 200
  学习单元1　铂金的概念 …………………………………… 200
  学习单元2　铂族元素的基本性质 ………………………… 201

  学习单元3　铂金在首饰中的应用 …………………… 202

 第3节　银 …………………………………………………… 205

  学习单元1　银的概念与特征 ……………………………… 205

  学习单元2　银在首饰中的应用 …………………………… 206

第10章　贵金属首饰

 第1节　贵金属首饰概述 ……………………………………… 212

  学习单元1　贵金属首饰种类 ……………………………… 212

  学习单元2　贵金属首饰制作工艺 ………………………… 214

  学习单元3　贵金属首饰镶嵌工艺 ………………………… 215

 第2节　仿金首饰与合金首饰概述 …………………………… 218

  学习单元1　仿金首饰 ……………………………………… 218

  学习单元2　合金首饰 ……………………………………… 219

 第3节　珠宝首饰质量管理 …………………………………… 221

  学习单元1　镶嵌首饰外观质量检验 ……………………… 221

  学习单元2　珠宝首饰商品标识 …………………………… 223

第 1 章

中国珠宝首饰商业概述

第 1 节　中国珠宝首饰商业　　/2
第 2 节　现代珠宝首饰市场　　/7

珠宝首饰商业的产生是伴随着珠宝首饰的兴起而形成的，并伴随着珠宝首饰的兴起而发展。

早在旧石器时代，人类已经开始使用兽骨、贝壳及石质装饰物来装扮自己。到了夏、商、周时，人们已经广泛使用金、银、玉等首饰，并有了简单的首饰交换形式，这标志着珠宝首饰商业的雏形。直至南宋时期出现了民间宝玉石商品交易市场，才有了真正意义上的珠宝首饰商业。

元、明、清时期，珠宝首饰的生产、贸易有了更大的发展。清末至民国，中国宝玉石业吸收了欧美镶嵌工艺和钻石工艺，从而加速了珠宝首饰商业的发展。

20世纪80年代，中国改革开放，市场经济转型，步入现代市场经济发展阶段，中国珠宝首饰业有了快速的发展时机。随着上海黄金、钻石两大交易所和期货市场的建立，以及各地宝石加工产业基地的兴起，珠宝首饰不但进入繁荣的商业零售时代，其资本市场也得到了蓬勃的发展。

进入21世纪以来，中国珠宝行业由前店后厂、来料加工、贴牌制造逐渐向原创设计、品牌加盟、网络经营、资本运作方向规模化、集约化发展。中国已经一跃成为世界珠宝首饰的制造与贸易中心，也成了世界珠宝首饰的消费中心，中国的黄金珠宝市场价格将影响世界黄金珠宝市场的走势。

第1节 中国珠宝首饰商业

学习单元1 中国珠宝首饰商业的产生

 学习目标

➢ 了解中国珠宝首饰商业的起源。
➢ 熟悉不同历史时期珠宝首饰的发展状况。
➢ 掌握珠宝首饰商业的特点。

中国珠宝首饰商业概述

知识要求

一、珠宝首饰商业的起源

中国珠宝业诞生于石器时期。距今约两万年前的北京周口店的山顶洞人，就开始用石珠、兽牙和鱼骨等做成的项链佩戴在身上，标志着中国石器装饰品的诞生和宝玉石业的起源，这是中国珠宝首饰史上的一件大事。

有关首饰的文字记载在《后汉书·舆服志》中已有描述："相传，原始人见鸟兽有冠胡之制，遂作冠冕、缨、蕤，以为首饰。"可见，首饰的最早使用与动物紧密相关。原始社会，人类在同大自然进行抗争的过程中，为了保护自己，避免猛兽的伤害，常常把兽皮、犄角等东西作为装饰品佩挂在自己的头、胳膊、手腕或脚腕上，一方面是为了把自己扮成猎物的同类以迷惑对方，另一方面这些兽皮、犄角本身就是一种防御或攻击的武器。至于那些挂在脖子、腰或手腕上的小砾石、小动物骨头或兽齿装饰品，除了最早的无意识的装饰行为外，其真正的作用可能还是为了计数或记事的需要。原始人认为，大自然中的日月星辰、风雨雷电、洪水猛兽都充满着神秘的力量，他们非常崇拜自然界赐予猛兽生存的物质，相信猛兽的锋利爪牙、坚硬的骨骼以及美丽的皮毛必定是起了重要的保护作用。于是，在捕获这些猛兽之后，就将其骨头、牙齿等精心加工成日月星辰或猛兽的美观形状，制成首饰品串戴在身上，把它视为自己的祖先或者保护神；或者把它看做是本氏族、本部落的血缘亲属而加以膜拜，期望从中得到精神的慰藉、保佑和力量。

普列汉诺夫在《论艺术》中说："这些东西最初只是作为勇敢、灵巧和有力的标记而佩戴的，只是到了后来，也正是由于它们是勇敢、灵巧和有力的象征物，所以开始引起审美的感觉，归入装饰品的范围。"如将美丽的羽毛、猛兽的牙齿、难得的贝壳乃至贵重的"美石"（宝石）等作为审美的标志，以显示、炫耀自己的力量、权威或美丽的打扮。

这些东西经过原始人创造性的加工而形成了首饰品，也就是人类最早使用的珠宝首饰。在此阶段，不同部落和地区有了通过交易来换取他们喜爱的首饰品的活动，珠宝首饰的商业雏形开始了，但这还不能够完全称之为珠宝首饰商业的产生。

到了夏、商、周时期，特别是商代，人们已开始用黄金制作首饰了，玉石也被用于佩饰和赏玩，如在北京平谷县刘家河商代中期墓葬中，曾出土金臂钏两件、金耳环一件。约在夏商以后，开始建立了完备的冠服制度，上自天子卿士，下至庶民百姓，服饰各有其等级差异。从此，首饰品就进入了国家礼制的范畴，首饰也开始有了贵贱之别。

汉代是中国宝玉石业历史发展的转折点，恢复了夏、商、周三代重玉传统，振兴和发展了玉业，珠宝首饰商业有了更大的发展。

中外贸易和宗教往来促进了国内外的宝石贸易和宝石知识的交流，如晋朝（三世纪）时，印度的钻石传入中国，也极大地推动了中国珠宝首饰商业的发展。

唐、宋两代是文化经济的繁荣发展时期，南宋出现了民间宝玉石商品交易市场，如临安（杭州）的"七宝社"出售玉花瓶和水晶、宝石等。这一时期，珠宝首饰市场已经比较成熟，珠宝首饰商业产生了。从唐代开始，被视为石工艺品的分支——砚石业得到了发展，出版了记载50种砚石的《歙州砚谱》。英国学者李约瑟博士曾高度评价："在11世纪开始时，中国在玉石分类系统方面领先了世界200年。"

元、明、清三代的宝玉石行业有了更大的发展。珠宝首饰生产、贸易和文献、著作空前繁荣。至元十六年（1279年）在大都、上都专设玛瑙玉局。明代出现了北京、苏州等宝玉石生产贸易中心。宋应星在《天工开物》中说："良玉虽集京师，巧工则推苏郡。"清代时，南京、扬州和天津等地宝玉石业有所发展。

清末至民国时期，宝石原石及其制成品品种有所扩大，加工工艺吸收了欧美经验，掌握了托镶、挤镶宝石、钻石的方法，男用镶宝装饰品也有所增加。辛亥革命之后，北京的玉器业曾一度兴旺。当时，崇文门外花市，前门外廊房头条、廊房二条、珠市口处，玉器作坊和商号随处可见，如"宝珍斋""瑞兴斋"等，专业人员达3 000人之多。

这期间，国内其他地方的宝玉石业也有一定规模，如上海珠宝首饰加工外销、"珠玉汇市"的兴盛和河南南阳玉器业的一度繁荣等。1914—1915年，湖北省竹山县所开采的绿松石矿山产量达500多千克，远销土耳其、印度等国。

中国宝玉石业历史悠久，成就辉煌，技艺超群，享誉中外。但是，在中国封建社会和半殖民地半封建社会里，珠宝首饰一直是王公贵族和富人的附属品，商业规模并不大，没有真正意义上的珠宝商业市场。中国宝玉石商业市场的真正发展是在20世纪80年代中国实行改革开放以后。

二、珠宝首饰商业的特点

1. 市场的信息不对称

市场的信息不对称是指信息在市场的参与者（生产者、销售商、消费者）之间的分布不均匀，卖方掌握的信息远比买方多。对珠宝首饰市场而言，珠宝首饰评估的专业性强，技术含量高，消费者单凭直觉获得较为准确的估价非常困难，处于劣势，常常对价格产生怀疑，使得珠宝市场成为典型的信息不对称市场。

2. 珠宝首饰的价格弹性表现为需求富有弹性，供给缺乏弹性

珠宝首饰并不是生活必需品，高档珠宝首饰是奢侈品，珠宝首饰消费市场是一个交易数量小、交易次数少的市场。当市场价格发生变化时，顾客对价格敏感，往往引起消

费量更大的变化,珠宝首饰的需求是富有弹性的。这可以解释为什么目前国内许多珠宝店常采用打折、降价的手段来促销珠宝首饰,而对品牌、服务承诺、引入市场中介等并不积极。

3. 技术具有复杂性

珠宝首饰鉴别除需要掌握宝石矿物的基本特性以外,还需要使用专业鉴定仪器。由于技术上比较复杂,目前除了黄金等贵金属和钻石、翡翠、珍珠具有统一的品质鉴定标准,对玉石和其他彩色宝石尚未建立统一的品质分级体系,这增加了对珠宝首饰鉴定评估的复杂性。各类人工宝石的鉴别显得更为困难。

4. 具有鉴赏、投资、收藏的作用

珠宝首饰设计美观、时尚、潮流,不仅可用于佩戴,也用于观赏和收藏。因其资源在自然界非常稀缺,故具有储备保值作用,因此可用于投资和储备。注重为后代留下财产是中国人的一种理财观念,同时购买贵重珠宝首饰为后辈留下一笔财富也是大多数中国珠宝消费者的消费观念。

5. 具有地域性、文化性

珠宝首饰是一种用于满足心理需求的商品,具有深刻的审美文化内涵。不同时代、不同地区、不同文化背景乃至不同年龄、不同职业的人都对珠宝首饰具有独特的偏爱,表现出明显的地域性和文化性的差异。如审美情趣不同,对珠宝的富贵、吉祥、避邪、保平安、治病、祈福的期望也各不相同。

学习单元 2　珠宝首饰商业发展的趋势

学习目标

➢熟悉珠宝首饰商业的发展趋势。
➢掌握珠宝首饰商业发展趋势的主要特征。

知识要求

20世纪80年代以来,中国珠宝首饰消费品种呈现出多元化的发展趋势。中国珠宝首饰商业发展的主要趋势有以下几点。

一、趋于个性化

随着社会发展、中西文化的交融，珠宝首饰消费者已经不满足于对珠宝首饰单纯的品种或品质的追求，而是需要款式或品质符合自我的鉴赏价值，朝着个性化设计方向发展，以创意设计、加工为经营模式的珠宝首饰业态成为一种新的趋势。

二、趋于品牌化

品牌珠宝首饰是拥有者品位和声誉的象征。珠宝首饰消费者将不满足拥有单纯的首饰，而是需要有品牌的信誉保证和表现力。未来珠宝首饰市场将是20%~30%的知名品牌占领80%的珠宝市场，著名品牌连锁、加盟的经营模式成为新的趋势。

三、趋于高端化

人们追求款式新颖别致、与众不同的首饰时，也开始追求高档宝石的配置。珠宝首饰的消费水平由早期的中低档宝石向中高档宝石方向发展，这是国际珠宝饰品的发展趋势。中低档宝石饰品也已经由大城市向中小城市以及地县和农村首饰市场发展。

四、趋于网络化

2010年网络珠宝营销已达约人民币85亿元，约占珠宝销售额的3.4%，同比增长120%。网络销售不需要高成本的店铺租金，网络视频以其多维度的展示满足了消费者对珠宝首饰商品精细化的了解，特别是网络店铺可以跨越时空和地理位置的束缚，面向更多的目标市场，使网络珠宝首饰经营模式成为新的销售趋势。

五、趋于资本化

珠宝首饰商品销售周期长，资金占用量大，店铺成本高，传统、单一的依靠销售积累资金谋求发展的经营模式，已经不能满足市场对珠宝首饰企业扩张的需求，珠宝首饰企业必然采用资本扩张的经营方式才能适应快速增长的发展需求。

六、趋于技术化

珠宝首饰消费者在对个性化首饰设计和宝石品质的选择基础上，也需要对加工工艺的品质要求提出高标准。采用高端的加工工艺技术，已经成为珠宝首饰生产的重要要素。

七、趋于营销化

采用传统、落后的销售方式已不能适应珠宝首饰市场的发展。珠宝首饰企业需要以终端消费者为中心,分析消费者心理,做好市场细分和目标市场定位,采用营销组合的经营模式,才能赢得市场优势,适应买方市场需求。

总之,中国珠宝首饰产值将以年增长率大于15%的速度持续发展,中国将成为全球最具竞争力的珠宝首饰加工和消费中心,成为世界最大的珠宝首饰市场。未来中国黄金珠宝首饰的消费增长将以婚庆首饰、钻饰、翡翠首饰和来华游客消费四个需求来拉动,彩色宝石首饰以其个性化的风格将作为新的增长点而引起充分的重视。

第2节 现代珠宝首饰市场

学习单元1 中国珠宝首饰市场

学习目标

➢ 了解中国珠宝首饰市场。

知识要求

一、中国近代珠宝首饰业概况

中国近代珠宝首饰业的发展主要集中在新中国成立后的60多年时间,特别是20世纪70年代开始,因外贸出口的需要,引进了海外的先进设计和工艺技术以及生产设备,实现了中国传统工艺和国外先进技术的结合,改变了黄金首饰和珠宝工艺品单纯为国内市场服务的简单和工艺制造偏低的状况。20世纪90年代,珠宝首饰开始大规模进入中国市场,改变了黄金首饰单一的局面,彩色宝石、翡翠和黄金首饰占主导地位。此后,国际钻石组织戴比尔斯在中国强势营销成功,钻石首饰消费理念得到普及,发展至今,钻饰消费已超过彩色宝石首饰。

具有约14亿人口的中国珠宝首饰市场消费潜力巨大，如果有5%的人先富裕起来，其购买力就相当于一个法国市场；有10%的人先富裕起来，其购买力就相当于一个日本市场。此外，中国女性饰品人均占有率不足5%，消费潜力巨大。中国每年有近1 000万对新人喜结良缘，特别是人口出生率高达21%的20世纪80年代中后期出生的人群于2007—2012年左右步入婚龄，婚庆珠宝消费前景乐观。

21世纪以来，中国已成为世界最大的铂金消费国，年销售铂金量达140万～150万oz（1 oz等于28.3 495 g，下同）。钻饰消费额以每年15%的速度增长，占世界钻石消费额的6%～7%，成为除美国以外的世界第二大钻石消费大国。中国淡水珍珠产量连续多年位居世界第一位。2008年中国黄金以282 t的年产量创历史纪录，成为世界最大的黄金生产国。2010年，中国珠宝年销售总额超过2 500亿元，出口超过70亿美元，已成为全球珠宝首饰加工和消费中心之一，也将成为全球珠宝贸易中心之一。

珠宝首饰是中国率先向国际开放的产业之一。过去中国对成品珠宝的进口关税高达50%，在黄金饰品与宝石产品上高昂的进口关税以及消费税，制约了珠宝首饰的销售。现在中国已取消央行黄金定价，实行市场调节价，上海黄金交易所、上海钻石交易所的设立，以及黄金期货的开盘，标志着又向国际黄金珠宝资本市场的方向迈出实质性的步伐。

中国国内巨大的珠宝首饰消费市场推动了珠宝首饰产业的快速发展，首饰设计、加工质量不断提高，品种极大丰富，珠宝首饰市场被不断细分。

二、中国珠宝首饰市场特点

中国珠宝首饰市场已经形成多元化、规模化、产业化格局，主要表现在以下几个方面：

1. 中国是世界人造宝石的切磨加工中心

以广西梧州为代表的中国人造宝石切磨加工中心的形成，使世界人造宝石的加工、生产中心转移到中国。

2. 中国钻石加工能力和水平达到国际水平

以广东深圳为代表，年加工钻石300万ct（1 ct为0.2 g），从业人员约3万人，"中国工"享誉世界，发展潜力巨大，中国已成为世界钻石加工的又一中心。

3. 中国的石雕、玉雕独具特色

中国的石雕、玉雕是一个具有民族文化特色的行业，有40多万从业人员。就翡翠来说，翡翠产自缅甸，市场在中国，从数量上看，90%的原料在中国加工销售。中国已成为主要的高档翡翠市场之一。

4. 中国形成了一批珠宝玉石资源开发、设计加工、贸易中心或产业基地

江苏省苏州市、广东省四会市、广州市番禺区、内蒙古自治区赤峰市、辽宁省阜新市、深圳特区罗湖区、浙江省诸暨市、广州市花都区、江苏省东海县、云南省瑞丽市、山东省潍坊市昌乐县、福建省福州市晋安区、河南省南阳市镇平县、浙江省青田县、云南省腾冲县、辽宁省岫岩县等16个地区已成为"中国珠宝玉石首饰特色产业基地"。中国珠宝首饰产业正表现出产业集约化发展趋势，成为世界珠宝首饰大国。

学习单元2 国际珠宝首饰市场

学习目标

➢ 了解国际珠宝市场。

知识要求

一、市场概况

国际珠宝市场自20世纪60年代至今，全球珠宝消费量每年以5%～10%的幅度增长，美国、日本、比利时、意大利、法国以及印度等东南亚国家作为国际珠宝市场的聚集地发展迅速。

美国是世界最大的珠宝首饰消费市场，引导着世界珠宝首饰消费走势。特别在有色宝石首饰及流行饰品方面，更是世界销售量最大的市场。美国居世界钻石贸易与消费首位，每年钻石的需求量占世界总需求量的1/2以上，也是世界最大的钻石切割加工中心之一。

香港是世界重要的珠宝首饰出口交易市场，也是世界重要的首饰加工出口基地之一。近年来，香港每年出口美国市场的珠宝首饰占其年出口总额50%以上。

印度、泰国也是世界著名的珠宝首饰出口国，年出口美国市场的珠宝首饰均占其年出口总额50%以上。印度还是世界最大的钻石加工出口国和世界最大的黄金需求市场，是黄金首饰业发展最快的国家之一。

斯里兰卡是世界著名的宝石盛产国，特别是优质的红蓝宝石和其他有色宝石，其最大的出口市场在美国。

中国是淡水珍珠养殖生产国，中国香港是世界最大的珍珠交易出口中心。澳大利亚、菲律宾、印度尼西亚等国的南洋珠近1/2由香港交易转出口，世界著名的大溪地黑珍珠30%左右在香港交易转出口。

比利时、以色列也是世界钻石切磨加工中心之一。

二、世界富有特色的珠宝市场

1. 泰国市场

泰国是世界上知名的红、蓝宝石盛产国之一，拥有众多的熟练技工，是具有最佳"宝石滚热"技术的少数国家之一，在宝石琢磨与珠宝设计方面的精湛手艺闻名于世。

在泰国世界著名的蓝宝石矿区庄它武里，矿主把开采到的蓝宝石以及成品的尖晶石、电气石等，卖给附近的宝石专业户加工打磨，打磨好的半成品被送到矿山下一个叫尖竹汶的小城里出售。周边国家的珠宝商，如柬埔寨、斯里兰卡、越南、缅甸等，也把有色宝石带到这个市场交易，从而形成了一个具有"赶集"特色的宝石交易市场，世界各地的珠宝商纷至沓来，上万人在这里讨价还价，买卖十分活跃。

2. 缅甸市场

缅甸翡翠的开采只有几百年的历史。传说明朝时，中国云南有一个商人到缅甸经商，在回家的路上，因为有一货筐太轻，便捡起一块石头压在上面，以保持骡背上货筐的平衡。回到家后，商人将石头随手丢在地上，碎成两块，这时才发现那块破碎的石头是一块良玉。从此，缅甸的翡翠产地被人发现，缅甸翡翠的优良品质也被世界承认，人们开始慢慢喜欢翡翠。

缅甸翡翠产地距离中国云南省边境只有150 km，所以传统上的云南腾冲、畹町、盈江一带成为翡翠的重要集散地和交易市场，泰国的小镇清迈也是缅甸翡翠的集散地。这几处地方的翡翠交易量占世界总量的60%～70%。

其次是瓦城，当地华人都习惯把曼德勒称为瓦城。由于瓦城距离缅甸北部翡翠产区最近，上百年来都是翡翠的交易地。只要支付17%的服务费，商家就负责将货物送到客户指定的世界任何地方。现在瓦城有珠宝商行上千家，全世界做翡翠生意的客商都云集瓦城。

还有仰光，缅甸的首都，自从缅甸政府把翡翠定为国宝以来，官方每年都要举行两次规模较大的珠宝展销及拍卖会，民间称为"开公盘"，也是翡翠贸易的盛会。

3. 非洲市场

南非市场——南非金刚石资源丰富，年产量曾超过1 000万克拉，近几年也有800万～1 000万克拉，居世界第五位，其中宝石级金刚石占35%，是世界最大的钻石生产国，也是世界上主要的钻石出口基地之一。戴尔比斯是南非最具代表性的钻石矿之一。

博茨瓦纳市场——博茨瓦纳有丰富的金刚石资源，其工业储备量和储量基础分别占世界的13%和10.5%，各种级别的金刚石储量近4亿克拉，居世界第三，其中宝石级和接近宝石级的金刚石资源量占世界第二。金刚石主要分布在靠近南非和津巴布韦的东部卡拉哈里地区，博茨瓦纳为世界金刚石第一出口国，宝石级和接近宝石级的金刚石产量居世界第一。博茨瓦纳的其他宝石有玛瑙和绿玉髓。

马达加斯加市场——马达加斯加宝石多达50余种，是世界上著名的宝石产出国之一，有天然宝石矿"博物馆"之称，主要品种有：电气石、绿柱石、石榴石、水晶、锆石、尖晶石、红宝石、蓝宝石、祖母绿等。

4. 俄罗斯市场

俄罗斯有100多种宝石资源，其中以钻石闻名于世，分布在西伯利亚亚库特等地区。在乌拉尔山还有较著名的祖母绿、翡翠、海蓝宝石、绿柱石、水晶等。

5. 斯里兰卡市场

斯里兰卡以盛产各种高档品质的宝石而著名，除钻石外，几乎所有常见的宝石斯里兰卡均有生产。主要品种有：高档蓝宝石、红宝石、猫眼石、变石。中低档宝石有：月光石、锆石、石榴石、托帕石、尖晶石等。

6. 巴西市场

巴西是世界上宝石品种最丰富的原料生产国，包括数量可观的极具经济价值的祖母绿、海蓝宝石，还有碧玺、黄玉、变石、猫眼石、紫晶、金绿宝石、绿玉髓等，是世界上重要的祖母绿产出国。巴西也曾是历史上有名的钻石生产国，17世纪末，首次发现金刚石，而且生产量比印度大得多。

7. 日本市场

日本是世界上养殖珍珠最早的国家之一，自产的人工养殖珍珠包括：海水养殖插核珠和淡水养殖无核（或软核）珠两类，其珍珠出口产量（指海水养珠产量）是目前世界最大的国家。日本海水养珠以三重县所产的珍珠品种优良，在世界上颇具名声，每年进出口总金额达3亿美元以上。

8. 美国市场

美国的天然宝石主要集中在六个州，占全国宝石产量的75%，这六个州主要生产的是天然贝。据统计，美国天然宝石材料的年产值为4400多万美元。

近年来，美国钻石市场的年消费值达43亿美元，有色宝石年消费值达3.7亿美元以上（不包括珍珠和珊瑚）。在消费市场上，最受欢迎的是钻石（占61%）、祖母绿（占10%）、蓝宝石（占9%）、红宝石（占7%）。

美国从世界上106个国家进口各种宝石，经过加工，转手出口的国家有56个。美国的钻石原坯主要从英国（GSO）、比利时、加纳、扎伊尔、澳大利亚等国进口，小的加工的钻石则主要向印度、以色列及比利时进口。50 p（1 p＝0.01 ct）以上的加工钻石则主要向以色列、比利时、瑞士、日本等国家和地区出口。值得指出的是，美国在1996年对钻石的开采、开发有明显的变化，其钻石的出口按重量计，近年有所减少，按价值计则有所上升。

美国人工合成宝石主要来自加利福尼亚州、纽约州、亚利桑那州等，总产值达2 400万美元。宝石仿制品年生产总值达1亿美元。美国年进口的人工合成宝石及宝石仿制品总价值达1.092亿美元，主要从奥地利及德国进口。而人工合成宝石及仿制的出口（包括转口）年总产值达2 950万美元。进口的人工合成宝石平均为23美分/ct。

第 2 章

职 业 道 德

第 1 节　职业道德概述　　　　　　　　　　／14
第 2 节　珠宝首饰营业员的职业道德　／17

道德是在人们的社会生活中形成的,职业是随着社会分工而产生的,职业道德起源于最初的社会分工。随着社会的发展变化,职业道德标准也在不断地变革。商业职业道德和其他职业道德一样,是社会经济发展的产物。从事不同商业的行业,有着各自不同的商业职业道德。

第1节 职业道德概述

学习单元1 职业道德的产生与发展

学习目标

➢ 了解职业道德的产生。
➢ 掌握职业道德的内容。
➢ 熟悉职业道德的发展。

知识要求

一、职业道德的产生

人类社会大约过了几十万年到一百多万年后,随着生产的发展、社会分工的进步,氏族社会建立之后,人与人之间的相互关系逐渐复杂化,逐渐地需要调整个人利益和集体利益之间的关系,这样就有了各种规定和规则,有了处理是和非的标准,人们按照社会分工,在从事各种职业活动时,就不再无拘无束了,这就是最初的职业道德现象。到了脑力劳动和体力劳动逐渐分离,并产生阶级之后,才逐渐明确了各种职业的行为规范,形成了真正意义上的职业道德。

二、职业道德的内容

一个社会的道德是指在人类现实生活中有经济关系所决定的调节人们之间相互关系的

行为规范的总和。职业道德则是指从事一定职业的公民在一定职业活动中所应遵循的具有自身职业特征的道德准则和行为规范。

三、职业道德的发展

职业道德是社会经济发展的产物,是社会生产关系的表现,伴随着社会文明的不断变化和发展。职业道德也不断地与社会相适应,取得不断的发展和演变。

学习单元2 商业职业道德的产生与发展

 学习目标

➢了解商业职业道德的产生。
➢掌握商业职业道德的内容。

 知识要求

一、商业职业道德的产生

商业产生以后,商品交换日益频繁,交换地区不断扩大,产销之间不可能都直接见面,需要一些人专门组织商品交换,就有了专门把商品买进卖出的业务和组织。这必然要有相应的行为规范来调整商业组织与商业组织之间,包括商业内部人与人之间的相互关系,也包括与购买者即顾客之间的关系,商业职业道德也就随之产生。

二、商业职业道德的内容

商业工作的职责是为社会的消费生活服务,对顾客耐心热情、公平诚信,真心诚意地便民利民,是商业道德的基本要求。商业职业道德是商品经济社会的整个道德观念。

1. 公平交易,将本就利

经营者投资经营,遵纪守法,公平经营,获取利润,是符合商业职业道德的,也是遵循市场价值规律的。当商品求大于供,则物价上涨,经营者只要不采取硬性搭配、哄抬物价等违法投机行为,卖者愿卖,买者愿买,就是等价交换。公平交易、获取利润也是合情合理的,是商业职业道德的基本内容。

2. 诚实守信，明白告知

市场经济是法制经济，也是信用经济，商业的发展必然带来商业信用的重视。守信用、重商誉成为商业职业道德中的重要内容。诚实守信，就是必须把商品与服务的真实情况明白地告知顾客，让顾客自由选择。在接待顾客时，言行举止要真诚守信，言必信，行必果；不管买与不买，买多买少，老少无欺，都要真诚接待，要履行对顾客的承诺。

3. 礼貌待客，和气生财

礼貌待客、和气生财历来是商业职业道德的重要组成部分。礼貌待客就是要做到主动、热情、耐心、周到。营业员应该具有整洁的仪表、饱满的精神、端庄的姿态，对顾客使用礼貌用语，以礼相待。"顾客是上帝""顾客是衣食父母""顾客是朋友"，是商界的座右铭。不能与顾客争吵，不能得罪顾客、冒犯顾客、怠慢顾客，是营业员必须遵守的职业道德。这种道德观得出"顾客永远是正确的"这一观点，充分显示了商业道德的职业特点。只要顾客不是故意刁难，没有涉及危害他人人身和财产安全的违法行为，即使顾客有缺点，营业员也要忍让。

4. 精通业务，竭诚服务

在商品经济发达、商品供应丰富、信息技术快速发展的当今社会，顾客不但需要有优质的商品，也需要得到精神上的满足，商业竞争主要集中到服务的竞争上。只有竭诚服务，才能使自己在激烈的竞争中永远处于不败之地。精通业务是竭诚服务的前提条件，不懂业务的营业员不可能为顾客提供优质的服务，这就要求营业员要有相当高的文化水准和素质修养。

5. 环境幽雅，文明经商

环境幽雅是文明经商的前提，就是指店容店貌整洁、优美，柜台安排合理、舒适，商品陈列整齐、美观，给顾客创造一个高雅、温馨的购物环境。

6. 严格把关，保证质量

严格把关是保证质量的基础，就是在进货时需要严格把好质量关，不得以次充好。产品质量有三层含义：一是产品质量的优劣最终是由顾客评定；二是顾客心目中的质量已经从注重产品本身延伸到包括服务的全过程；三是经营者看待产品质量要从自己的立场转向顾客的立场，把产品质量建立在对顾客的诚信之上，一旦发现质量问题，要依据道德和法律认真做好售后服务工作。

三、商业职业道德的发展

商业职业道德的发展是商品经济发展的必然产物，体现了商业发展的生产关系水平。

第一，商业职业道德的发展必须适应社会经济基础的发展要求，在中国现阶段，就要符合中国特色的市场经济发展要求。第二，要树立可持续发展的意识，注意环保和节能，强调社会责任。第三，要坚持国家、企业、消费者利益和谐一致的发展原则。第四，要以端正行风、公平竞争、规范经营、诚实守信的行为准则为原则。

第2节　珠宝首饰营业员的职业道德

学习单元1　珠宝首饰营业员职业道德的内容

学习目标

➤熟悉珠宝首饰营业员职业道德的概念。
➤掌握珠宝首饰营业员职业道德的规范要求。

一、营业员职业道德的概念

珠宝首饰营业员职业道德是珠宝首饰营业员在接待顾客时所应遵循的职业行为准则。它的核心是为珠宝首饰顾客服务，向珠宝首饰顾客负责，并通过全体营业员的一言一行，表现出对珠宝首饰顾客的服务精神，反映出珠宝首饰企业优秀的精神面貌。

二、营业员职业道德的规范要求

1. 爱岗敬业，提高素质

珠宝首饰营业员要忠于职守，热爱营业岗位，培养对珠宝首饰的兴趣和爱好，提高心理承受力，掌握销售技能，尽心尽责工作。在营业中，虚心观察学习，反复积累经验和销售技巧。面对挑剔或怀疑的顾客，能够始终面带微笑做好营业接待工作。

2. 规范操作，保证质量

珠宝首饰是贵重商品，珠宝首饰营业员要管理好店内商品，防止商品残损变质，对无牌号、无厂名、无产地、无鉴定或检验证的商品应拒绝验收上柜出售，做到上柜商品符合标识、标签管理规定。

3. 信誉第一，真诚服务

珠宝首饰鉴别技术专业程度高，顾客一般不了解，珠宝首饰营业员要立足强调品牌声誉、诚信经营观念，注重言行举止，树立服务意识，理解、体贴、尊重顾客，用感恩的心态为顾客提供周到细致的服务。克服不良习惯，对珠宝首饰顾客不厚此薄彼，不以貌取人。

4. 丰富知识，热情导购

顾客一般不掌握珠宝首饰专业知识，营业员要丰富珠宝首饰专业识别技能和人文知识，耐心细致地提供专业知识引导服务，热心帮助顾客挑选，防止不经意中流露出对顾客无知而厌烦的情绪，避免顾客误解。

学习单元 2　珠宝首饰营业员职业道德的发展

 学习目标

➢掌握珠宝首饰营业员职业道德的发展要求。

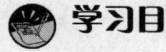 **知识要求**

珠宝首饰营业员职业道德的发展是随着珠宝首饰商业的发展而进行的，并由社会经济和发展水平而决定。随着顾客消费意识的不断增强和对珠宝首饰常识的掌握，珠宝首饰营业员的职业道德发展趋势表现为对多元化和专业化服务的更高要求，主要包括以下三个方面：

1. 珠宝首饰营业员的服务更加强调专业性。顾客会因为营业人员缺乏专业性而认为其服务无诚信。珠宝首饰营业员不但要学会肉眼识别常见宝石的简单技能，而且要掌握对宝石的鉴别和评估技能常识，包括了解不同顾客对珠宝首饰的不同价值观念。能否提供专业的顾问式销售服务，是诚信服务的一个重要因素。

2. 珠宝首饰营业员的法律意识将更为重要。随着社会法制建设的不断发展，公民的法律意识日趋加强。珠宝首饰营业员既要掌握珠宝首饰商品的"三包"规定，又要熟悉消费者权益保护的法律法规，包括经营法规，如《反不正当经营法》等。此外，还要注意自身行为规范的严谨，避免因工作或言语失误造成不必要的法律纠纷。

3. 珠宝首饰营业员的自身职业素质要求更高。珠宝首饰营业员应具有服务的意识、创新的思维、专业的技术、自我的努力，通过创造性的服务，针对不同顾客的需求，提供适合顾客满意的服务。特别需要注意的是，要熟悉不同顾客的文化习俗，尊重顾客，注重文明与礼仪，提高服务水平。

第 3 章

珠宝首饰营业员柜台管理

第 1 节　珠宝首饰营业员柜台业务　　/22
第 2 节　珠宝首饰营业员柜台服务　　/38
第 3 节　珠宝首饰商品陈列　　　　　/60

柜台管理就是零售店铺的营业管理。

首先,按照珠宝首饰商品流转环节,即珠宝首饰商品从生产到消费的流通过程,包括商品从供货单位购进到直接销售给终端顾客的整个过程。也就是对珠宝首饰商品的购进、验收、保管、调拨、销售、变价、盘点、损益等各个流转过程进行全面规范管理,以保证珠宝首饰商品的质量、数量和金额的准确性。

其次,包括顾客矛盾处理、商品陈列、安全管理,这是对珠宝首饰营业销售过程的服务管理,是店铺销售的重要工作。

最后,是对珠宝首饰柜台工作的核算管理,通过对营业数据的分析,预测销售趋势,发现营业管理中的各项经营问题,提出改进措施。

第1节 珠宝首饰营业员柜台业务

学习单元1 珠宝首饰商品流转环节

学习目标

➢熟悉珠宝首饰商品流转环节的基本知识。
➢掌握珠宝首饰商品流转环节的操作要求。
➢能够进行珠宝首饰商品流转环节的票据书写。

知识要求

一、商品购进

商品购进是零售商店通过货币(或者企业内部划账)结算购进商品的买卖行为,包括商品购进的采购方式、经营定位、进货周期安排、合同的订立与管理几个方面。

1. 采购方式

珠宝零售商,主要包括专业珠宝零售店(专卖店)和百货商店中的珠宝零售店铺(专柜）。专卖店主要采用购销"一条龙"的方法，采取集中进货采购方式；百货商店中的珠宝首饰专柜主要采用各专柜供货商直接进货采购，方式较分散，百货商店同时把市场信息反馈给专柜供货商，以便及时调整商品结构，为顾客提供适销对路的商品，保证销售工作的顺利进行。

2. 经营定位

经营定位是零售商店商品购进的经营活动中一项重要的工作，这也是进货业务的前提。零售商店经营定位是指购进商品要了解和掌握市场需求及变化规律，考虑所处地区及周边环境的消费特点，采取错位经营，树立零售商店的特色。

3. 妥善安排进货周期，加速商品周转

进货周期即进货间隔天数，是指一次进货的数量能销售多长时间，它对商品平均周转天数有重要的影响。进货周期应符合既能保证销售上的需要，又不使商品库存量过大的进货原则。

商品平均周转天数＝最低储存天数＋最高储存天数

商品最低储存天数＝进货在途天数＋销售准备天数＋商品陈列天数＋机动储存天数

商品最高储存天数＝商品最低储存天数＋进货间隔天数

为了妥善安排进货周期，商店必须实行商品定额管理制度，商品库存定额以营业柜组为单位按商品大类分别制定。它包括柜台商品和小仓库后备商品两部分，由于商品库存数量经常处于变化之中，所以一般平均商品库存定额较为合理。实行商品定额管理，能加强进货的计划性，克服进货盲目性，避免商品积压或脱销，为商品资金定额管理、合理使用流动资金打下基础。同时，通过对商品定额执行情况的分析，还可以发现企业进销业务上存在的问题，以及市场供求变化的趋势，为改进业务管理提供量化信息依据。

4. 合同与进货管理

合同是零售商店在购进商品时，购销双方按事先议定的协议事项写成的条文，是具有约束力的书面协定。商品购销合同是一种经济合同，必须明确双方的权利义务与经济责任，加强对合同的监督与管理，保障商品供给。

为了加强商品购进的进货管理，要做好《商品进货记录单》（见表3—1）的登记工作。有的商品售后结账时进货，需填制《售后结算商品收货单》（见表3—2）。

二、商品验收

商品验收就是对购进商品所进行的数量点收和质量验收工作。这是防止假冒伪劣商品进入商店、保证商品质量、防止差错的关键环节。

表 3—1　　　　　　　　　　商品进货记录单

收货部门：_____　柜台：_____　　　　　　　　　　填单日期：____年____月____日

年		供货单位	发票号码	货号	货名	单位	数量	成本价（元）		零售价（元）		备注
月	日							单价	金额	单价	金额	

商场分管经理：_____　　　柜组主任：_____　　复核：_____　　制单：_____

表 3—2　　　　　　　　　　售后结算商品收货单

收货部门：_____　柜台：_____　　　　　　　　　　填单日期：____年____月____日

供货单位		单据号码		开单日期	年 月 日

货号	货名及规格	单位	数量	不含税进价（元）		含税售价（元）		含税进销差价（元）
				单价	金额	单价	金额	
同意销后付款	月日	同意以销定进	合计		合计			其中：进货税额（元）

商场分管经理：_____　　　柜组主任：_____　　复核：_____　　制单：_____

1. 数量、质量验收

营业员在接收商品时应对照发货单上的品名、宝石大小、质量、级别、规格、货号与有关检验证书相对应检查，查看《商品标签》（见表 3—3），有无货号与实物不符、标识不符、贵金属成色不符、宝石大小级别与检验证书不符或错发的现象，若发现要及时纠正。

表 3—3　　　　　　　　　　商品标签

标准号：		品名：		产地：	
含量：		克重：		制造商：	
级别：		克拉重：		价格：	

2. 验收后的工作

商品验收后，要签收《商品领货单》(见表 3—4)，送记账部门复核后各执一联记账。要做好登记《商品进、销、存明细账》(见表 3—5)的销货结算本记录工作，用做商品保管账用。销货结算本用来每日一页记录商品进、销、存的数量和金额，也可供盘点结算使用。销货结算本的使用能准确反映出商品销售与库存情况，如发生差错则便于查询。

表 3—4　　　　　　　　　　商品领货单

编号：　　　　　　　　　　　　　　　　　　　　　　　填写日期：＿＿＿年＿＿月＿＿日

货号	成色	品名	件数	克重	零售单价（元）	零售金额（元）	备注

柜组：　　　　　　　发货人：　　　　　　　柜台：　　　　　　　领货人：

营业员工号：＿＿＿＿＿＿＿

表 3—5　　　　　　　　　　商品进、销、存明细账

　　　　　　　　　　　　　　　　　　　　　　　　　　　　　　　　　　编号：

柜台：＿＿＿＿＿＿＿　　　　　　　　　　　　　　　　　填写日期：＿＿＿年＿＿月＿＿日

年		摘要	克重	宝石	金额（元）	年		售出销号	数量	金额（元）
月	日					月	日			

商场经理：　　　　　　　部门主任：　　　　　　　复核：　　　　　　　制单：

三、商品保管

商品保管是指对库存商品进行保管和养护工作。由于珠宝首饰是贵重商品,做好保管和养护工作十分重要。如对库存珠宝首饰的款式、数量、质量要心中有数;照明灯不要直射在一些不能受热的宝石上,如欧泊、珍珠;应在摆放宝石的柜台内放一些盛有水的玻璃杯来降低温度,并保持一定的湿度;宝石在摆放时不要互相摩擦,以免表面刮花;不要互相碰挤,以免变形。每天在营业前与营业结束时,都要做好清点工作,以免发生商品短缺现象。

四、商品调拨

商品内部调拨是指柜组之间的商品移柜。这种调拨要先开单,后调拨,经双方同意后在凭证上签字。《商品内部调拨单》见表3—6。

表3—6　　　　　　　　　商品内部调拨单

调出柜组:　　　　　　　　　　　编号:
调入柜组:　　　　　　　　　　　调拨日期:_____年___月___日

货号	品名	单位	数量	购进价（元）		零售价（元）		进销差价（元）
				单价	金额	单价	金额	

调出柜台经理:_____　　调入柜台经理:_____　　复核:_____　　制单:_____

五、商品销售

商品销售是指零售商店通过货币交易出售商品的买卖行为,也是商业活动的终点。商品的各个流通环节都是为销售服务的,只有把商品销售出去,才能实现商品生产的最终目的。珠宝首饰商店商品销售的核心工作是商品交换和交易两个方面。

1. 零售商店的商品交换过程

"交换"是销售的核心。这个词来源于拉丁语,是"贸易"的意思,就是用一种东西换另一种东西。交换还包括行为或态度。

2. 零售商店的商品交易过程

零售商店的交易过程是指商品推销和议价的价值交换过程。

此外,商店每日营业结束后,要开展整理工作,包括清理柜组、统计销售与柜台库存商品,并做好营业货款和票证的回笼工作。按国家财经纪律的规定,除限额留存的备用金

（包括票证）外，所有现金必须在当天交银行或收款部门，票证则点交票证管理人员保管。缴交货款前，营业员必须先填写缴款单一式两联，缴款单随同货款交银行或收银部收讫盖章，并各执一联记账。

六、商品变价

商品变价就是对商品原售价的调整与变更。商品变价有几种情况：一是政策性的调高或调低定价，如黄金调价；二是由于商品质次价高或款式陈旧，需要变价；三是企业让利优惠酬宾等原因而需要变价减值。商品的变价是一项涉及政策性很强的工作，它直接关系到商品流通和国家财政收支等问题。

1. 商品削价

商品削价一般是对款式较为陈旧或残损的首饰进行降价或节假日进行一些优惠酬宾。做好这项工作要严格执行削价审批手续，按物价管理权限进行。对削价处理的商品要填写《商品削价报告单》（见表3—7），交财务部门和行政领导按权限审批。此单一式三联，第一联经审批后由商品柜留存；第二联交财务部门留存；第三联交商店或业务部门审批留存。

表3—7　　　　　　　　　商品削价报告单

编号：

填写部门：　　　　　　　　　　　　　　　　　填写日期：＿＿＿年＿＿月＿＿日

货号	品名	单位	进货情况			调整数量	进价金额	调整金额	原价（元）		削价后（元）		原因说明
			单价	数量	金额（元）				单价	金额	单价	金额	
损失金额			其中：成本损失金额						合计				
商品部意见			商场意见			计划业务部意见			公司批复				

复核：＿＿＿＿　制单：＿＿＿＿

2. 商品调价

商品调价就是按物价管理权限进行提高或降低商品的原定价格。在接到调价通知后，按规定的日期，共同盘点库存，核实商品数量，更换商品标价，并填写一式数联的《商品调价单》（见表3—8），除留存一联外，其余交财务部门转账。调价工作要求不得早调、迟调、错调或不调。

表3—8　　　　　　　　　　商品调价单

编号：　　　　　　　　　　　　　　　　　　调价通知日期：＿＿＿年＿＿月＿＿日
填报部门：　　　　　　＿＿＿年＿＿月＿＿日　调价通知文号：＿＿＿字第＿＿号

货号	品名	单位	库存数量	零售单价（元）		调整单价总额（元）	调高价格金额（元）	调低价格金额（元）	备注
				调整前	调整后				
合计									

复核：＿＿＿＿　制单：＿＿＿＿

七、商品盘点

商品盘点是对商品实物数量及金额的清点，是"售价金额核算和实物负责制"的一项重要内容，也是加强商品管理、考核商品资金定额执行情况的重要环节。通过盘点，可以掌握商品的实存数量，从中发现库存结构是否合理，找出经营管理方面存在的问题。盘点从时间上划分，有定期盘点和临时盘点：在月终、季末、年底这些固定时间进行盘点是定期盘点；因营业员工作移交或其他情况所进行的盘点，是临时盘点。盘点工作要不影响销售工作，应快速、及时、准确。为了提高盘点质量，要做到以下三点：

1. 加强商品的日常管理

商品陈列有序，销售时避免串号，每日做好进销存账，同时还要做好进、退货的登记工作。

2. 认真做好盘点前准备工作

整理好所有单据、票证和商品（尽可能使用一台收银机），往来手续要结清，部门账和柜组账要相符。开始盘点前先读一次报表。如店内有报废品、退库品、退货品、换货品与未入账商品等应及时了解清楚，将店铺按分类标准划分区域，要避免遗漏死角处的商品。

3. 正确做好核实盘点后工作

盘点后，盘点人员不应立即告知实际盘点金额，应如实填写《商品盘点表》（见表3—9），对数额不符的，先记录，必须等待《账面存货调节表》及《未入账清单》做账完毕后，核对《盘点卷宗》无误，确定无遗漏的商品及账务后，才能公布盘点结果，同时比较是否相符，以免造成差错。

表3—9　　　　　　　　　　　商品盘点表

编号：　　　　　　　　　　　　　　　　　　　填写日期：＿＿＿＿年＿＿月＿＿日

货号	货名	上期结存数量	本期收入数量	盘点数量				进价（元）		售价（元）		本期销售数量
				柜组存量	商品部存量	样品	总存量	单价	金额	单价	金额	
合计												

账面应存金额：　　　　　　　盘点实存金额：

商场：＿＿＿＿　商品部：＿＿＿＿　物资负责人：＿＿＿＿　复核：＿＿＿＿　制单：＿＿＿＿

柜组盘点的账目要与记账员的盘点账目相符。商品盘点后计算出来的本柜台商品金额总数，如与财务部门控制的期末库存金额一致，即说明盘点正确，账实相符。如不符，则要进行核算、复盘、分析原因；如发生盗窃、账务处理错误、实际盘点差错、长短货款等，对盘后发现的长短货款情况及各种原因均应填入《财产损益报告表》，经盘点人、部主任签名盖章后，一联自存，一联经领导批复后，作为会计处理凭证。盘损盈的计算方法如下：

$$盘损率=\frac{账面库存－盘点实际库存}{盘点周期的总销售金额}\times100\%$$

$$盘损盈＝实际盘点金额－账面金额$$

若盘损盈结果是负数则为盘损，正数则为盘盈。盘损率小于0.5%为正常；若大于1%，表示管理出现了问题。

八、商品损益

商品损益是指商品从购进到销售整个零售流转环节中所发生的升值与损耗。合理处理商品的损益，是营业员的重要职责，也是企业加强经济核算的重要内容。商品损益中的长短货款，是盘点后经常会出现的情况，如营业时的少收多付，或多收少付，盘点后的重盘、漏盘，贪污盗窃的损失等。针对损益的这些情况，营业员要加强工作责任心，及时消灭事故苗子，尽可能避免差错。

若因工作失职造成的损失，原则上应由本人负责赔偿；若因业务生疏、算账不准造成的差错，要吸取教训，改进工作；若因调价未变零售价，应设法补货退款，以维护企业的社会信誉。

要认真分析商品损益原因，如实填写《财产损益报告表》（见表3—10），提出处理意见和改进措施，防止类似差错再次发生。

表3—10　　　　　　　　财产损益报告表

编号：_____

部门：_____　　　　　　　　　　　　　　　　　　　　_____年___月___日

账面结存（元）	实际结存（元）	溢余（元）	损失（元）

损益项目	单位	数量	单价（元）	金额（±）	原因

商品部处理意见		财务部意见		领导部门的意见	

盘点负责人：_____　　　　　　　复核：_____　　　　制单：_____

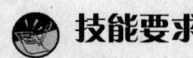
技能要求

商品盘点表的填写

假设某珠宝公司对Pt950钻戒商品盘点，数据为：上期总存数量860枚，本期收入数量390枚，柜组存量1 155枚，样品数量15枚，请填写商品盘点表。

操作步骤

步骤1　正确计算

（1）总存量＝柜组存量＋样品数量＝1 155＋15＝1 170（枚）

（2）本期销售数量＝上期总存数量＋本期收入数量－总存量
　　　　　　　　　＝860＋390－1 170＝80（枚）

步骤2　正确填写（见表3—11）

表3—11　　　　　　　　商品盘点表

日期：__2009__年__10__月__22__日

货号	货名	单位	上期总存数量	本期收入数量	盘点数量			本期销售数量
					柜组存量	样品数量	总存量	
2020225	Pt950钻戒	枚	860	390	1 155	15	1 170	80

柜台：__黄金珠宝专柜__　　　　盘点人：__小王__　　　　复核人：__小明__

注意事项

珠宝首饰商品流转的每一环节都有相应的书面记录票据，包括经销合同、商品领货单、商品进货单、商品收货单、商品进销存明细账、商品标签、商品调价单、商品削价单、商品调拨单、商品盘点表、损益报告表等，主要的书写要求如下：

（1）票据内容不得涂改，应如实填写，连册、连号的票据页码不得遗失，如发生书写错误作废的票据,必须汇总上交管理部门,不可丢失。

(2) 正确认真书写货号、货名。

(3) 正确统计单位、数量,单价金额、总金额要分类书写。

(4) 正确书写宝石或贵金属名称以及相应级别、成色。

(5) 书写文字字迹端正,不可使用繁体字及不规范的简化字。

(6) 书写数字要清晰,大写正确。

(7) 注意票据日期、经手人员签名的填写要完整。

学习单元2 商业票据管理

- 了解支票的验收。
- 熟悉收据的填写。
- 掌握发票的填写。
- 能够填写销售发票。

一、发票的填写与识别

在销售经营中所用的发票主要有商业企业零售发票[《首饰销售发票》和《首饰贴金调换销售发票》(见表3—12、表3—13)]和增值税专用发票,这两种发票均为国家法定票据。商业企业零售发票是营业员给顾客开具的正式销售凭证,增值税发票是企业给贸易与批发商开具的正式销货凭证。零售发票具有等同销售合同的法律效果。

商业发票一式三联,第一联为存根联,第二联为发票联,第三联为记账联。将发票第二联递交顾客,该联发票上印有税务局专用章,纸张上有税务标识,发票第一联柜台留存,发票第三联交会计记账。开具零售发票要做到字迹清楚、不得涂改、项目齐全、票物相符,写清珠宝首饰商品的材质、价格、损耗、工费。如有需要,还应注明检验证书情况。票面金额与实际收取金额相符,各项目内容正确无误,发票联加盖财务章或发票专用章,并妥善保管好发票。如有丢失或毁损,应及时到税务部门办理挂失或作废手续。零售发票应视同现金一样管理,要做到设专人保管,并设专门存放地方。

表 3—12　　　　　　　　　　首饰销售发票（样张）

_____商场　　　　　　　　　　　No：_____
_____顾客　　　　　　　首饰销售发票　　　　　　　　　日期：_____

货号	品名和成色	质量	数量	单价	金额
			总价：¥		
			合计人民币（大写）：		
			开票单位税号：		
当日金价：_____			开票单位盖章：		

柜组：_____　　　开票：_____　　　收款：_____

表 3—13　　　　　　　　首饰贴金调换销售发票（样张）

_____商场　　　　　　　　　　　No：_____
_____顾客　　　　　首饰贴金调换销售发票　　　　　　日期：_____

货号	名称	质量	数量	单价	工费	金额

原重	
回尾	
加金	
实重	

| 加金费用：¥ |
| 合计人民币（大写）： |
| 贴金差价：¥ |
| 合计人民币（大写）： |

金价：_____　　　开票单位税号：
　　　　　　　　　　开票单位盖章：

柜组：_____　　　制票：_____　　　收款：_____

退货应收回原发票注明作废，贴在存根联上，并开红字发票冲回。如顾客原发票遗失，经查明属实，由在场的两名营业员共同签字证明。

二、支票的验收

支票是出票人签发的，由委托办理支票存款、支付业务的银行或者其他金融机构在见票时无条件支付确定金额给收款人或者持票人的票据。支票分为普通支票、现金支票和转账支票三种。在商业企业中，一般采用的是现金支票和转账支票。营业员在收到支票时必须交与财务部门，并做好以下几项工作：

检查支票的真假。支票上印制有防伪标志，营业员收到支票后首先要检查支票防伪标志。

验收支票。检查支票上的应填项目，如出票日期、付款方银行名称、收款人、出票账号、出票密码、人民币金额等项目是否填写准确，检查出票人印章是否清晰、完整。

登录用票人的有关信息。在检验支票的同时应要求用票人出示身份证，并在支票背面记录用票人姓名（用票人本人签名）、身份证号码、联系电话等。

三、收据的填写

收据是一种收付款凭证，它有种类之分。至于能否入账，则要看收据的种类及使用范围。收据分为两种形式：一种收据主要是指财政部门印制的盖有财政票据监制章的收付款凭证，一般没有使用发票的场合，都应该使用收据，此类收据是重要的原始凭证收据，与我们日常所说的"白条"不能画等号；另一种收据是企业内部使用的非应税内部往来的行政凭据。前一种收据书写与发票相同，后一种收据通常应由标题、正文、落款三部分组成。

标题。一般写在正文上方中间位置，字体稍大。标题的写法有两种，一种是直接由文种名构成。即写上"收条"或"收据"字样。另一种是把正文的前三个字作为标题，而正文从第二行顶格处接着往下写。如用"今收到""现收到""代收到""已收到"作标题。

正文。一般是在第二行空两格处开始写，但以"今收到"为标题的收条是不空格的。正文一般要写明下列内容，即写明收到的钱或物的数量、物品的种类、规格等情况。

落款。一般要求写上收钱物的个人姓名或单位的名称，署上收到的具体日期；是单位的，一般还要加盖公章。是某人经手的，一般要在姓名前署上"经手人："的式样。是代别人收的，则要在姓名前加上"代收人："式样。

收据在填写时，要注意以下事项：

（1）收据的语言一般较为简单，篇幅往往短小精悍，文字不能涂改，金额要大写。

（2）在写收据时，务必清点好所收到的物品钱款的具体数额，做到准确无误、不出差错。

技能要求

18 K 首饰贴金调换销售开票（非发票）

假设顾客送来15 g重的18 K首饰一条（项链），要求贴金调换成相同18 K首饰（非工艺金），当天金价300元/g，工费500元，请开具该18 K首饰贴金调换销售开票。

操作步骤

步骤1 正确计算

(1) 回尾：$15 \times 0.05 = 0.75$ (g)

(2) 实重：$15 - 0.75 = 14.25$ (g)

(3) 补金：$15 \times 20\% = 3$ (g)

(4) 加金：$3 + 0.75 = 3.75$ (g)

(5) 总价：$18 \times (300 \times 75\%) + 500 = 4\ 550.00$ (元)

(6) 贴金差价：$3.75 \times (300 \times 75\%) + 500 = 1\ 343.75$ (元)

步骤2 正确填写（见表3—14）

表3—14 首饰贴金调换销售开票

亚太珠宝商场 No：12345
首饰贴金调换销售开票（非发票）
小王顾客 日期：2009.10.05

货号	名称	重量	数量	单价	工费	金额
111102	18 K 金项链	18 g	壹件	225.00 元/g	500.00 元	4 550.00 元

原重	15 g	加金费用：843.75 元
回尾	0.75 g	合计人民币（大写）：捌佰肆拾叁元柒角伍分
加金	3.75 g	贴金差价：1 343.75 元
实重	14.25 g	合计人民币（大写）：壹仟叁佰肆拾叁元柒角伍分

金价： 300.00 元/g   柜组： 001   制票： 002   收款： 003

说明：

(1) 重量：根据顾客送来的首饰贴金调换后的首饰含金量，一般以加工后重量取整数。

(2) 原重：指顾客送来首饰原含金量。

(3) 回尾：指顾客送来首饰的含金量损耗，一般足金损耗为原重的1%，18 K金损耗为原重的5%，铂金损耗为原重的12%。

(4) 补金：指顾客送来的首饰在加工或其他过程中会发生损耗，必须补金重量，一般为原重的20%，但铂金的加工损耗可忽略不计。

(5) 实重：指顾客送来的首饰的实际含金量。

(6) 加金：指顾客实际贴补的首饰含金重量。

（7）工费：一般由企业自行规定，可以以每件首饰为单位，也可以以首饰某种主要材料质量为单位定价。如一件首饰工费为1 000元，或红宝石镶嵌首饰每克拉红宝石工费为500元。

（8）金价：指官方公布的贵金属交易价。如黄金一般采用上海黄金交易所公布的足金价格，其他成色的黄金价格以此换算，如18K金价格为足金价格的75%。

镶嵌首饰销售开票（非发票）

假设顾客购买 Pt900 钻戒一枚，戒托重量为 5.32 g，当日铂金价格为 408.00 元/g，VVS_2 裸钻 0.3 ct 价格是 8 000元，工费为 1 000元，请开票（非发票）。

操作步骤

步骤 1　正确计算

顾客购买首饰的总金额＝408.00×5.32＋8 000＋1 000＝11 170.56（元）

步骤 2　正确填写（见表3—15）

表3—15　　　　　　　　　铂金首饰销售开票

东方珠宝商场　　　　　　　　　　　　　　　　　　　　　　　　　　No：12345
　　　　　　　　　　铂金首饰销售开票（非发票）
小王顾客　　　　　　　　　　　　　　　　　　　　　　　　　日期：2009.10.05

货号	品名和成色	重量	数量	单价	金额
111102	Pt900 戒托	5.32 g	壹件	408.00 元/g	2 170.56 元
	VVS_2 裸钻	0.3 ct	壹件		8 000.00 元
	工费			1 000.00 元	1 000.00 元
				总价：11 170.56 元	
				合计人民币（大写）：壹万壹仟壹佰柒拾元伍角陆分	

金价：408.00 元/g　　　　柜组：　001　　　　制票：　002　　　　收款：　003

说明：

（1）货号名称：此条款中的货号由商场条形码表示，一般不统一。

（2）商场名称、柜组、发票编号、销售日期、制票人员、收款人员等栏目由营业员填写。

（3）单价：分为首饰中贵金属材料单价和镶嵌首饰中裸石价格（一般以克拉为裸石质量单位）。值得注意的是，有些企业并不划分首饰中贵金属材料和裸石材料的价格，而是直接以每件首饰为单位作为单价，如一件蓝宝石首饰可以直接写明单价为蓝宝石首饰的销售价，并且包含工费。

学习单元3 商品销售趋势分析

学习目标

➢ 了解商品销售趋势分析内容。
➢ 熟悉商品销售趋势分析方法。

知识要求

一、商品销售趋势分析及内容

商品销售趋势分析是企业经营管理的一项重要工作,也是企业适应市场趋势变化的一项预测分析工作。对商品销售分析,主要是对商品销售量进行统计分析,预测未来销售量。从时间上分,有短期预测与长期预测。一年以内的预测称为短期预测,一年以上的预测称为长期预测。从预测的性质分,有定量预测和定性预测两种。定量预测是用数学方法进行数学模型计算的预测方法,定性预测则是一种直接经验的判断预测方法。

珠宝首饰营业员要掌握一点市场预测的常识,对商品销售趋势进行科学统计,及时准确地掌握市场需求变化和顾客的购买信息,为企业及时调整经营品种、价格定位、服务方式等提供准确数据,使企业适应市场变化,更好更快地满足顾客需求。

二、商品珠宝首饰销售趋势分析方法

对商品销售分析方法即商品销售趋势分析方法,应根据商品不同的性质,采取不同的方法。在进行预测之前,首先必须确定预测的目的、被测商品的范围和采取的预测方法。这样,才能提高分析的准确程度。就目前珠宝首饰零售企业来说,采用的销售趋势分析方法一般有三种。

1. 消费倾向集体讨论判断法

这种方法比较简单,由部主任或经理召集营业员、采购员和主管部门的有关人员交换意见,共同讨论对市场趋势的看法,分析各种有利条件和不利条件,掌握消费倾向,最后确定一个预测值。这种方法简便易行,是目前珠宝首饰商业企业管理中普遍采用的一种定性预测方法。

2. 统计资料分析法

根据预测商品过去销售的实绩统计资料，进行对比分析，推算出预测期的可能销售量，是一种定量的预测方法，具体计算方法有三种：

（1）销售实绩对比分析法。即将本年销售实绩乘以对去年增减的百分比，作为明年销售的增减比例，用以推算出明年的可能销售量。其公式如下：

$$明年销售量 = 本年销售实绩 \times \left(\frac{本年销售实绩}{去年销售实绩}\right) \times 100\%$$

按这个方法预测，对百分比要根据市场变化做适当调整；否则，容易产生较大的误差。

（2）销售实绩平均数法。这是一种简单的数字预测方法。主要是利用预测期前的若干期的销售统计数字，求其算术平均数值，作为预测值。这种方法在时间上是往后移的，所以也称为移动平均法。其公式如下：

$$预测值 = \frac{（前一期销售实绩 + 前二期销售实绩 + \cdots + 前 n 期销售实绩）}{期数}$$

这样计算，将前期的变化趋势一律按总期数平均，不能反映销售中的近期变化趋势，因而误差仍较大。

（3）加权移动平均法。为了克服销售实绩平均数法的不足，考虑到预测期的市场变化趋势一般对预测影响较大。因此，采取加权移动平均计算比简单平均数计算更为精确。其计算公式为：

$$预测值 = \frac{（前一期实绩 \times 权数）+（前二期实线 \times 权数）+ \cdots +（前 n 期实绩 \times 权数）}{前一期权数 + 前二期权数 + \cdots + 前 n 期权数}$$

这种计算方法考虑到了市场变化趋势，以权数作为调整系数，比前几种方法更为科学，重要的是权数选择要正确，否则误差较大。

3. 抽样调查分析法

抽样调查是按照科学的原理和计算，从若干个组成的事物总体中，抽取部分样本来进行调查、观察，用所得到的调查标志的数据以代表总体，从而推断总体，是一种定性的预测方法。具体方法如下：

（1）直接点数法。这种方法适用于商品的款式、品种的销售预测，主要根据发票画"正"字，再按"正"字计数，直接点数汇总，统计不同商品款式、品种销量，最后进行推算预测。

（2）消费者投票评选法。这种方法一方面可以收集顾客意见，对商品的款式和品种的销售进行预测，另一方面也起到了对商品的宣传、介绍作用。

抽样调查分析法也具有一定的局限性，其误差的大小取决于抽样的部分与目标总体的差距有多大。如果抽样误差较大，则只能选择全面普查。

三、商品销售趋势分析作用

对商品销售趋势分析是为了保持企业合理的库存结构，提高流动资金周转率。同时，也为了使企业能更好地符合市场需求，准确定位，提高商品经营管理水平，完成管理任务，对保证消费需要和销售任务的完成有着重要的指导作用。

第2节　珠宝首饰营业员柜台服务

学习单元1　珠宝首饰营业员柜台售货过程

学习目标

➢熟悉珠宝首饰营业员售货过程。
➢掌握珠宝首饰营业员售货过程中的操作规范。

知识要求

一、营业准备

营业员应以饱满的精神、文雅的仪表，时刻做好接待顾客的准备。营业员的准备工作要做到：

（1）每天换好工作制服，准时到岗，制服整洁，仪表大方。
（2）做好柜台内的清洁卫生整理工作，摆放的样品和商品整洁、美观，符合首饰的陈列要求，如厂家、款式、价格分别排列出样，便于顾客挑选和营业员分款式介绍。
（3）检查商品牌价和宣传品，做到标价、宣传品内容完整清晰，让顾客一目了然。
（4）整理柜台常用道具和首饰观察工具，便于向顾客介绍产品时使用。
（5）珠宝首饰上柜前，应送有关部门检测，配备鉴定证书。

（6）开门迎宾要做到人到心到，站姿端正，面带微笑注视来往柜前的顾客，随时准备接待。

二、营业接待

接待是售货过程中的起点。营业员要善于抓住销售时机，先招呼顾客，这也是经商之道。当顾客站在柜台前目光停留在某一商品时，营业员应向顾客示意招呼，微笑相迎，说好第一句迎客招呼话。然后，听顾客的话音，问顾客的需要，看顾客的表情，尽快进入下一个售货环节。在等待顾客光临时，营业员要在闲暇时表现出很忙碌的工作样子，如整理柜台商品、清洁环境卫生、查阅宣传资料等，切忌闲聊、吃零食、玩游戏、接听私人电话、无精打采地站立或倚靠在柜台上等不良行为。

三、商品出样

出样就是商品展示。当顾客凝视商品时，营业员就应主动出样，小心、轻放在展示盒或展示垫布上，并适当做一些商品介绍，同时注意顾客的表情，要让顾客能触摸到珠宝首饰，尽可能让顾客愿意试着佩戴。

商品展示得比较好，可以引起顾客的兴趣，唤起顾客对商品的购买欲望。如果营业员缺乏对顾客的观察能力或不主动出样，那么，就会错失推荐时机。

四、商品介绍

商品介绍就是通过营业员向顾客推荐商品，是销售过程中一个更为重要的环节。作为销售珠宝首饰的营业员，不必成为专业的宝石鉴定师，但要懂得顾客心理和熟悉商品知识，对首饰工艺的基本特性或常识比较熟悉，对柜内商品存货也要了解清楚。在介绍过程中体察顾客心理活动，因势利导，激起顾客的购买欲望，达到满意的成交目的。

介绍商品应当注意的问题：一是实事求是介绍商品，既不夸大优点，也不隐瞒缺陷；二是态度诚恳热情，用语要准确适当，使顾客有好感与信任感；三要讲究方式，不能形成强制性或教育顾客性的劝说，对有主见或无主见的顾客都要慎重对待，以免引起顾客的反感和后悔；四要做到有问必答，不论生意大小，买与不买，态度要始终如一。

五、售货开票

零售商店普遍采用开发票作为计数结算的方式。开发票是售货过程中的重要环节和严肃工作。发票一经开出，就意味着负有法律和道德上的责任。

珠宝首饰是贵重商品，配有专业检验证书，必须看价格标签开发票。镶嵌首饰要标明宝石大小、贵金属的质量、成色或宝石等级等。

总之，开发票要认真细心，每开一张发票，都不能有一字之差。否则，既有可能使商店受到损失，也有可能损害顾客的利益。

六、营业收款

商品出售后随即收取货款及找零，这是售货过程中"货出去、钱进来"的环节。如果注意力不集中或行为不礼貌，即会发生差错和引起顾客不满。因此，营业员要保持精神高度集中，不论是由营业员经手还是收款员单独经手，收、找货款必须遵守"唱收唱付"的操作规程。做到每笔收款准确无误，礼貌服务，使顾客满意。收款的方式一般有以下几种：

1. 货款合一的收款

这种方法的特点是营业员既管货又管钱，顾客可以当场挑选、付款、取货，即"一手交钱，一手交货"。这种方法简单方便，是传统的买卖方式，但缺点是营业员在应接不暇时，容易发生差错。

2. 设收银台，并由专人收款

这种方法的特点是货款分开管理，避免差错发生，缺点是消费者等候时间长。具体做法如下：

（1）开票交款法。顾客挑选好商品，由营业员开票，顾客持票到收银台交款，营业员检查收款凭证后再交货。

（2）卡片交款法。基本做法同上，是将所有商品事先制成价目卡，顾客持卡到收银台交款；再凭付款凭证去柜台取货。这样，简化了营业员的开票手续。

七、商品递交

收款结束后，营业员应将包装好的商品和发票，双手递交给顾客，以表示礼貌。递交后，要问一声："您还需要什么帮助？"并提醒顾客不要遗忘所带的物品。顾客如有零散之物，应主动地代为包扎好，以方便顾客携带。不要看到顾客有困难置之不理，更不能在递交商品时随便摆放。

八、售后道别

当顾客不再需要什么，也不要求营业员做售后的服务，售货过程便告结束。顾客离柜时，营业员应向顾客有礼貌地道别，说声："再见，欢迎您有空常来！"或说上几句增加顾客好感的话，让顾客怀着愉快而满意的心情离开柜台。总之，在售货全过程中，营业员要使每一位顾客被接待时有亲切感和尊重感,在服务时有主动、热情、耐心、细致之感,在离柜时有满意感,由此产生日后的留恋感,从而给顾客留下难忘的良好印象。

学习单元2 珠宝首饰营业员柜台服务礼仪、语言规范

学习目标

➢熟悉珠宝首饰营业员柜台服务礼仪和语言规范。
➢掌握珠宝首饰营业员仪容、仪表、仪态规范要求和店铺柜台文明用语规范。

知识要求

一、店铺柜台用语规范

语言是人们思想的直接体现,营业员主要是通过语言与顾客进行沟通与交流的,营业用语特别能体现出营业员的服务素质。语言也是一门艺术,同样一句话,不同的语气,可以表达完全不同的意思。因此,营业员的用语语言规范十分重要。一般语速要适中,做到每分钟120字,语音要标准,使用普通话,并注意以下礼貌用语的八个原则。

(1) 和气:在接待顾客时,要热情大方,用词上要充满好感,语调要柔和,音量要适中。

(2) 文雅:在接待顾客时,态度要亲切,用词要文明,避免急躁和轻慢的语气,比如不要说:"听说过没有""看好要求再说"之类的话,体态要端庄,尽量给顾客留下舒畅的感觉。

(3) 谦逊:在接待顾客时,应以谦恭的姿态待客,使用谦敬词和尊称,采用商量式、请求式的语气,处处体现对顾客的友好和重视。

(4) 倾听:与顾客沟通时,要有耐心,学会倾听顾客讲话,并协助对方把话说完,不要打断顾客说话。

(5) 回应:倾听过程中在恰当的时候介入话题,适时表达诱导性的语言,使顾客赞同自己的观点。

(6) 直接性:在接待顾客时,应避免使用转弯抹角的书面用语,最好采用简明、直截了当的日常交流说话方式。如果说错了话,更要坦诚地当面及时向顾客致歉。

（7）尊重性：在与顾客交谈时，目光要正视顾客，仔细倾听顾客的谈话，不能面带倦容，目光不专一，使顾客产生被怠慢的感觉。

（8）应变性：不同的消费情景和心理需求使得顾客对语言的要求也不尽相同，这就需要营业员使用的语言要根据场合和文化习俗的不同，做出相应的变化。

二、营业员电话文明用语规范

营业员需要主动打电话的并不多，导致了很多不符合礼仪规范的情况发生，但是电话交流恰恰是现代社会非常重要的沟通方式，营业员使用电话时要注意礼仪规范。

电话铃声响起最多三声，就应接起电话；电话时间应以"三分钟"为标准，切忌长话；打电话时还应注意时间，避免在对方休息或忙时拨打；说话时与话筒保持 3 cm 的距离，使对方接听音量适中。

在与顾客电话沟通中，接电话时所讲的第一句话应是问候语加上单位名称：如"您好！某某公司。"不允许出现"喂，喂"或者"你找谁？"等非礼貌用语，更不可以一开口就毫不客气地查问对方"你找谁""你是谁""你是哪儿"，或者"你有什么事"等。

结束通话时，应客气地道别，而且要恭候对方先放下电话后才挂机。

三、营业员仪容

珠宝首饰营业员的仪容主要包括个人外观形象，一般指营业员的个人容貌、外观轮廓，要求做到整洁大方，便于首饰佩戴展示。仪容的规范要求如下：

1. 发型要求

没有头皮屑，保持发型清洁，不烫染发（白发染黑除外），梳理整齐。男性营业员发型要做到前不覆额，后不及领，侧不掩耳，不留怪发、长发；女性营业员要做到尽量留短发，如果是长发应盘起，刘海不可过低，不要挡住眼睛。

2. 脸部要求

男性营业员胡须必须刮干净，及时清理鼻腔、耳廓，随时保持鼻腔、外耳干净；女性营业员使用裸妆，不可渗出眼线、睫毛液，以保持面部整洁。

3. 口腔要求

为了保持牙齿洁白，口腔无异味，应注意饮食；用餐后注意刷牙或去除残渣、异味；可使用漱口水清洗。

4. 手部要求

时刻保持手部干净、皮肤光滑、手心干爽洁净，不留长指甲；女性营业员可适当地使用甲彩，但不要太醒目。

营业中,不要佩戴首饰,即使允许佩戴,也不要超过三件。营业员佩戴首饰会引起顾客不满或反感。

四、营业员仪表

营业员仪表要求,主要是指简洁整齐的着装要求,适合陪衬或展示珠宝首饰要求。仪表规范要求如下:

1. 基本要求

要做到衣裤无污垢、无油渍、无异味、无起皱,领口与袖口处尤其要保持干净,做到上衣平整、裤线笔挺。

不要穿过于暴露的内衣服装,否则会给顾客一种不庄重,甚至是挑逗的感觉;不要穿过分紧身的服装,否则会使顾客觉得不可信赖。

2. 男性珠宝首饰营业员着装要求

服装颜色以深色系套装为佳,如果穿非套装时,长裤与上衣的面料、色彩和质地应相称。西服有两件套、三件套之分。穿两件套西服不能脱下外衣,西服里面不能加厚毛背心或毛衣,可以加一件薄的"V"字领羊毛衫。领带应以中色为主,不要太花太暗,领结要饱满,要与衬衫的领扣吻合紧凑,长度以系好后下端正好触及腰上皮带扣上段处为宜。纽扣系好后,不要使领带夹外露。皮鞋最好是黑色系带式的,裤腿下沿要盖住皮鞋鞋面,皮鞋面擦亮,皮鞋底边擦净。最好穿深色线织中筒袜,不宜穿半透明的尼龙或涤纶丝袜,不宜穿白色袜子和色彩鲜艳的花袜子,穿着时不要露出里裤。衬衫应为单色,衬衫下摆要放在裤腰里,领扣和袖扣要系好,衬衫衣袖要稍长于西服衣袖 0.5~1 cm,领子要高出西装领子 1~1.5 cm。

3. 女性珠宝首饰营业员着装要求

一般应着西服套裙或套装,色泽以中色为好,款式以简洁为主,不可穿过于男性化的服装。服装要保持整洁,否则会给顾客一种颓废的感觉,这对珠宝首饰的销售极为不利。应穿黑色高跟淑女鞋,鞋面要保持光亮,鞋边保持干净,应穿高筒连裤丝袜,色泽以肉色为好。

五、营业员仪态

营业员的仪态主要分为坐姿、站姿、行姿、蹲姿、手势和表情六大部分。

1. 坐姿规范要求

出于礼貌,和顾客一起入座时,要先请对方入座,一般讲究左入左出,体现"以右为尊"。入座后不要频繁转换姿势、玩弄物件,上身要自然挺直,不要东倒西歪或倚靠,两腿不要分得过开,双脚不要高翘或抖动,如图 3—1 所示。

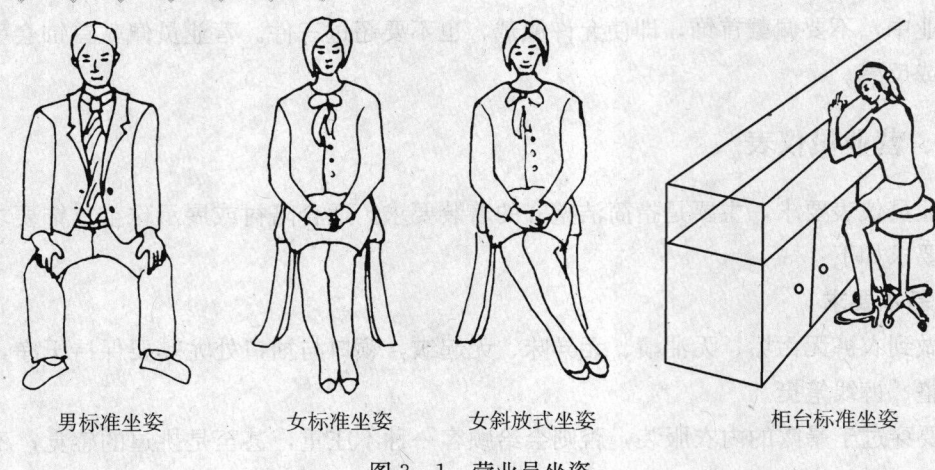

男标准坐姿　　女标准坐姿　　女斜放式坐姿　　柜台标准坐姿

图 3—1　营业员坐姿

2. 站姿规范要求

站姿能显示出营业员的气质和风度。站立的时候，应舒适自然，富有精神、大方，有美感而不造作。

在服务顾客时，营业员要有平和的形象，如图 3—2 所示。应该让顾客觉得自然、有精神，自己也感到舒适、不拘谨。营业员不要站得像电线杆一样笔直，那样显得呆板，会让顾客觉得很压抑。此外，要避免出现不雅的站姿，包括垂头、含胸、双腿交叉、腹部松弛、肚腩凸出、耸肩、驼背，曲腿、斜腰，趴伏倚靠，双手平端或抱在胸前，浑身乱动，重心不稳，勾肩搭背，背对顾客或者站在顾客后面，两手插兜等。

图 3—2　规范站姿

柜台服务站姿：柜台服务的站姿应该自然，不要倚靠柜台休息，手脚可以适度地放松，有时双手可以放置在身前的柜台上，两膝要伸直不能弯曲，不能有驼背、塌腰等现象，如图3—3所示。

3. 行姿规范要求

良好的走姿能让营业员显得健康向上，反之，则给顾客"懒散""无礼"的不良印象。营业员在店铺内行走时要抬头挺胸、步履轻盈、目光前视、步幅适中，不要跑跳；切忌左右摇摆、前倾后仰、驼背、低头、扭腰、扭肩、伸懒腰。

步幅标准：男性营业员为40 cm左右，女性营业员为36 cm左右，不宜太大。速度均匀：男性营业员每分钟行走108～110步，女性营业员每分钟行走118～120步。

引导顾客时，要尽量走在顾客的左前方两步左右的距离1.5 m处，如图3—4所示。前方有景色或是障碍物或遇到上下楼梯、拐弯、进门时，需要为顾客引领。在商场遇到顾客向自己走来时，要礼貌地给顾客让路，示意顾客先通行。

图3—3　柜台站姿

图3—4　走姿

4. 蹲姿规范要求

在店铺中，营业员需要蹲下的有两种情况，一是捡起掉在地上的物品，二是在为顾客整理商品的时候（例如在珠宝店铺中，顾客试戴脚链时），需要营业员蹲下处理。

营业员下蹲时应自然得体大方，两膝盖并拢，两腿合力支撑身体，避免滑倒，否则会在顾客面前十分不堪。下蹲的时候上身平直，使身体姿势保持优美。下蹲时若弯腰、俯背、撅起臀部，则非常不雅，也不礼貌。

5. 手势规范要求

手势是一种身体语言，能够丰富人的表情，提高表达能力，一般有以下几种，如图3—5所示。

横摆式　　　　前摆式　　　　双臂横摆式　　　　斜摆式　　　　直臂式

图3—5　手势

横摆式：迎接顾客时使用，此种手势通常在表示"请进""请"时使用。

前摆式：右手拿着东西或扶着门，迎接顾客时使用。

双臂横摆式：顾客较多时，迎接顾客时使用，表示"请"的动作幅度可以大一些。

斜摆式：请顾客就座时使用。

直臂式：给顾客指方向时使用。

双手式：展示或递交给顾客时使用。

拇指式：夸奖顾客时使用，主要用以表扬或赞同他人。做法：伸出右手，翘起拇指，指尖向上，指腹面向被夸奖的人。将右手拇指竖起来反向指向别人，就意味着自大或藐视。将拇指指向自己的鼻尖，是傲慢的表现，营业员要禁用这两种手势。

6. 表情规范要求

表情是一种无声的语言，人的表情主要通过眼神和微笑来表示。传播学认为，人在接受信息时，只有45%来自有声的语言，55%以上则来自无声的语言。在后者中，又有70%以上来自表情。可见，面部表情在传情达意方面有着重要的作用。

面部表情，包括脸色的变化以及眉、鼻、嘴等的动作。

一般和对方目光接触时，每次看别人的眼睛3 s左右，会让对方感觉比较自然。和顾客交谈时，营业员应该多注视顾客。要经常保持双方目光的接触，但也不能一直盯着对方，这是非常失礼的。应随着话题内容的变化而变换，要有及时恰当的目光反应，使整个交谈融洽。交谈中当双方都沉默不语时，应该把目光移开，免得顾客尴尬；当顾客说错话或拘谨的时候，不要正视对方，免得对方误为受到嘲笑；在向顾客问候、致意、道别时应面带微笑，用柔和的目光去注视对方，以示敬意和礼貌。

营业员进行目光注视时，应注意注视的角度和部位，如图3—6所示。

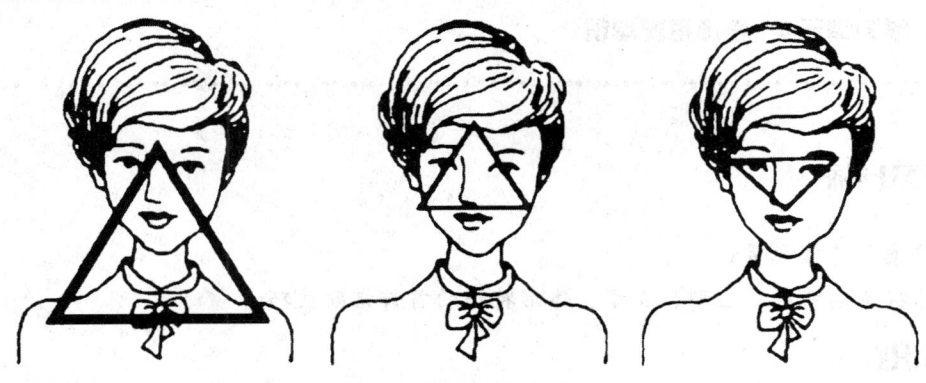

不熟悉顾客的凝视区域　　较熟悉顾客的凝视区域　　很熟悉顾客的凝视区域

图3—6　注意区域

注视的忌讳：和顾客在一起的时候，不要注视对方的头顶、胸部、腹部、臀部、大腿或脚部和手部等禁区；提倡平视，否则会引起对方的强烈反感。对于异性顾客，千万不要上下左右反复打量，这种扫视的眼光会使对方感觉很不舒服。眼皮眨动一般每分钟5~8次，如果过快表示思维活跃或在思索，引起顾客不满或误会；过慢就表示轻蔑、厌恶等。

正确使用微笑：微笑的时候，先要放松面部肌肉，然后使嘴角微微向上翘起，让嘴唇呈弧形。微笑虽然是简单的表情，但也必须注意整体协调；除要注意口形，还要注意面部其他部位的协调；在微笑的时候，目光要柔和。

六、服务纪律

柜台服务纪律关系到企业形象和商业信誉。其规范要求具体表现在售前、售中、售后的整个经营活动过程之中。

售货前、进货时要按有关规定签订和履行合同，严格把好进货商品质量关、验货关，仪器工具要定期检查维修，价格标签要清楚醒目、符合规定。

售货中，对待顾客要一视同仁，不以貌取人。接待中做到"三个一样"：外地顾客与本地顾客一个样，买与不买一个样，买多买少一个样。要讲究商业信誉，不卖假冒伪劣商品，不以次充好。营业中要做到不准在柜台内吸烟、吃东西、干私活；不准与顾客顶嘴吵架；不准在柜台内聊天打闹；不准上网闲聊；不准在柜台内会客长谈；不准因结账、验货、点货不理睬顾客；不准在柜台内看书、看报；不准坐着接待顾客；不准随便离开工作岗位；不准挪借销货款和票券；不准内部私分商品。

商品销售后，要对顾客负责，遵守金银珠宝饰品包退、包换、包修的规定。

学习单元3　首饰搭配常识

学习目标

➢熟悉首饰搭配常识。
➢掌握不同肤色、脸型、发型、体形特征的首饰搭配技巧。

知识要求

一、首饰佩戴礼仪常识

珠宝首饰有丰富的人文知识内涵和服饰搭配的技巧，不同的顾客有不同的首饰佩戴需求。营业员要根据不同的顾客或要求提供不同的珠宝首饰。

1. 宝石与十八种结婚纪念的对应关系

在欧美的宝石历史文化中，长期以来逐渐形成了宝石与婚庆或结婚周年纪念的对应关系，这是西方宝石文化的一个重要组成部分，具体对应关系（供参考）见表3—16。

表3—16　　　　　　　　宝石与18种结婚纪念对应的关系

周年	婚名	匹配宝石	周年	婚名	匹配宝石
0周年	新婚	钻石	9周年	陶婚	尖晶石
1周年	纸婚	红宝石	10周年	锡婚	红宝石
2周年	棉婚	蓝宝石	11周年	钢婚	紫晶
3周年	皮婚	祖母绿	12周年	丝婚	橄榄石
4周年	书婚	珍珠	13周年	花边婚	托帕石
5周年	木婚	钻石	14周年	象牙婚	碧玺
6周年	铁婚	翡翠	15周年	水晶婚	蓝宝石
7周年	铜婚	欧泊	20周年	瓷婚	祖母绿
8周年	电气婚	海蓝宝石	25周年	银婚	珍珠

2. 宝石与12星座的对应关系

在西方的各种神话流传过程中逐渐形成了对十二星座的认识，人们以神话故事为缘，为每个星座安排了代表性的宝石，其对应关系（供参考）见表3—17。

表3—17　　　　　　　　　　星座与吉祥宝石的对应关系

星座	月份	吉祥宝石
水瓶座	1月20日至2月18日	紫水晶
双鱼座	2月19日至3月20日	海蓝宝石
白羊座	3月21日至4月19日	钻石
金牛座	4月20日至5月20日	翡翠
双子座	5月21日至6月21日	珍珠
巨蟹座	6月22日至7月22日	红宝石
狮子座	7月23日至8月22日	橄榄石
处女座	8月23日至9月22日	蓝宝石
天秤座	9月23日至10月23日	欧泊
天蝎座	10月24日至11月21日	托帕石
射手座	11月22日至12月21日	绿松石
摩羯座	12月22日至1月19日	绿色碧玉

3. 宝石与12月份的对应关系

早在16世纪，人们开始为一年12个月配上不同的宝石，作为一个人出生的标志，并赋予了避邪护身的愿望，以期能给人带来好运气。这种代表每月的宝石就是通常人们说的"诞生石"或"生辰石"。国际珠宝学会专门制定了生辰石表，其对应关系（供参考）见表3—18。

表3—18　　　　　　　　　　宝石与12月份的对应关系

月份	生辰石	象征意义
1月	石榴石	忠实、真诚、友爱、贞操
2月	紫晶	诚实、真挚、内心平和
3月	海蓝宝石或鸡血石	沉稳、勇敢、聪明
4月	钻石	恒久、纯洁无瑕
5月	翡翠或祖母绿	幸福、幸运、美好、长久
6月	珍珠或月光石	健康、安宁、富贵、长寿
7月	红宝石	热情、爱情、力量、尊严
8月	橄榄石或缠丝玛瑙	夫妻合欢、幸福好运
9月	蓝宝石	慈爱、诚实、安详、高贵

续表

月份	生辰石	象征意义
10月	欧泊	幸运、希望、纯洁、安乐
11月	托帕石	友情、友爱、真挚、洁白
12月	绿松石或锆石	爱情、幸福、好运和成功

二、搭配技巧

珠宝首饰的佩戴有一些很经典的搭配原则，而经典一般不会随时间的流逝而消失，当然审美观是多元化的，应该注意每个人不同的审美情趣，因人而异。

1. 与脸型搭配的要求

营业员只有掌握各种脸形与珠宝首饰的搭配技巧，才能帮助顾客挑选出适合他们的首饰，令顾客满意。

（1）长方脸。这种脸形的顾客可佩戴一些适当增加脸部横中线宽度的首饰，如选戴一些面积大而亮丽的镶嵌宝石耳插或短而无坠的圆形耳环等，不宜佩戴细长项链。女性顾客可选择包耳型耳环及有造型设计的项链，例如一些长度不低于锁骨的翡翠项链、珍珠项链等，但不要再加挂件。

（2）方形脸。这种脸形的顾客可佩戴一些竖向长于横向的弧形耳环，可以起到拉长脸型的视觉效果，例如新月形、叶子形，悬吊式耳坠等。也可在胸前佩戴"V"形的项链，将起到延伸脸的下部区间的作用。不宜佩戴粗短项链和等内角的几何图案造型的首饰，也不宜佩戴圆形和方形耳环，因为圆形和方形并置，在对比之下，方形更方，圆形更圆。

（3）圆形脸。这种脸形的顾客搭配首饰的原则是尽量使两颊变窄，上下延长，可以佩戴一些细长的项链来拉长脸型，如佩戴"V"形项链。女性适合戴垂挂式的耳环及项链，最好不要选粗圆项链，可以考虑配链坠，佩戴耳饰时切忌选择过大的。

（4）三角脸。这种脸形的顾客选择首饰时，难度较大。一般选择的原则是让脸上部的宽度显得大些，可选择粗短项链，并配链坠，项链宜粗不宜细，宜短不宜长，因为长项链可以起到延长下颌使其变瘦的效果，选择佩戴耳部饰物时应该选择小的，不宜选择大的。

2. 与肤色搭配的要求

（1）红润型肤色。这种肤色的顾客可选用墨绿色或是浅绿色的珠宝首饰，以衬托出活力；还可选用彩珠首饰和骨木首饰等。不宜选用大红、大紫、大黄或鲜蓝色的宝石，以免将脸色衬得发紫。

（2）白净型肤色。这种肤色的顾客可选择佩戴镶嵌宝石的金属首饰、贝类雕刻首饰或翠珠首饰，不太适合佩戴水晶首饰、钻石首饰或其他无色或太淡的镶嵌宝石首饰，因为这会使肤色更显苍白。

（3）微黄型肤色。这种肤色的顾客可选择白银首饰、白金首饰、象牙首饰等较白的珠宝首饰；也可以选择彩色宝石或者绿色宝石的首饰，也能增加气质，但最好不要选择黄色、红色的珠宝首饰，以免使肤色显得更加深暗。

（4）黝黑型肤色。这种肤色的顾客可选择华丽的珍珠首饰，或者是有些粗犷风格的雕刻类首饰，但不宜佩戴粉红色、淡黄色或白色宝石。因为粉红色、淡黄色或白色宝石，对比强烈，会使皮肤显得更黑。

（5）灰青型肤色。这种肤色的顾客可选择佩戴一些18 K白金首饰、钻石首饰，能凸显刚毅气质；也可选择皮质类或有机宝石首饰，如珍珠、琥珀等，能增添活泼感。但不宜选择青色、紫色的首饰，如青金石等，这样会使肤色显得更晦暗。

（6）蜡黄型肤色。这种肤色的顾客可选择佩戴一些红色、橙色等暖色调首饰，用热烈的色彩来增加佩戴者的红润气色，减少病态感，但不可选择佩戴黄色系、紫色系、蓝色系的首饰以免肤色显得暗淡。

3. 与体型搭配的要求

（1）肥胖型。此类顾客的特点是身材短粗、臃肿、脖子显短，佩戴首饰时可选择色调暗淡、造型简洁的戒指、手镯、耳环等。项链宜选大而多姿的、造型长而细的项链挂坠，不宜选择粗而短的，这会让脖子显得更为短粗。在佩戴手镯或臂环时，不宜选窄而细的。戒指不宜选戴宽边的，因为胖人的手指一般来说比较扁平，宽边的戒指使手指显得更臃肿。

（2）清瘦型。此类顾客的特点是身材瘦弱、单薄、脖子细长，可以选择佩戴中央淡饰而两侧光彩的首饰。细小而简洁的项链与挂坠，非常适合这类顾客，可以使其脖子显得短些。也可以选择比较华丽的耳环、戒指、手镯等，如双耳佩戴垂饰面积稍大的荡环、腕部佩戴稍粗的手镯，可使双耳、双手吸引更多注意力，会给人不太清瘦的感觉。

（3）偏矮型。此类顾客的特点是体形矮小、身材不高，可以选择佩戴以柔克刚、冲淡硬气、增强纤柔感、偏重于小巧的首饰。项链适宜选择细长简洁的，女性最好与淡雅的珍珠挂坠相配，耳环、戒指宜选择粗细得当的款式。

（4）偏高型。此类顾客的特点是体格健壮、身材高大，可以选择佩戴突出横向减小纵向、造型厚实、材质凝重的首饰。适宜选择粗而长的项链、造型大而丰富的挂坠，主次搭配要分明，端庄大方的镶嵌宝石的戒指和耳环很适合这类顾客，女性顾客可选择超长项链。

4. 与手型搭配的要求

（1）戒指与手型。丰满修长的手指适合佩戴的戒指款式很多，只要不违反其他搭配原则，各种款式的戒指都适合这种类型的人佩戴。

丰满但短小的手指不宜佩戴指圈太宽或太窄的戒指，如果要戴宝石戒指可选择那些镶嵌椭圆形刻面和弧面宝石的戒指。宝石可以选择一些颜色鲜艳浓烈的，如色彩浓烈的蓝宝石、红宝石以及翡翠戒指。

瘦长的手指不宜选择宽边的或造型棱角清晰的戒指，否则会使手指显得干枯、毫无生气，镶嵌宝石方面则可以选择一些小颗粒色彩亮丽的宝石。

（2）手镯与手型。手臂圆润小巧的女性可以佩戴一些中等宽度（手镯横断面的宽度）的圆形玉镯，最好是较透丽的翡翠手镯。

手臂粗大的女性可以佩戴宽度稍大一些的手镯，即半圆形、内壁为平弧面的手镯。镶嵌钻石的手镯宜选择细小宽度、圆弧图案设计的款式，让人感到更加富贵华丽。

手臂修长的女性适宜同时戴两三个宽度较窄的金属手镯。年轻的女性还可以选择款式较为夸张的彩色K金手镯及景泰蓝或陶瓷手镯。至于镶钻手镯，则可以选择宽度稍粗、图案为几何棱角的设计，这样会使苗条的女性显得更精神。

（3）手链与手型。手链与手型的关系是一个比例关系。

在手链上随意系上一些小吊坠装饰，如小玉扣等，这既丰富了手型又增加了动感。丰满圆润的手腕配上较宽的手链会产生一种雍容华贵的效果。

手链还包括宝石珠链，瘦小的手腕宜配珠与链交错的细珠子手链，丰润的手腕则适宜戴整串的珠链。

（4）脚链与脚型。脚链不能选择太粗的款式，否则就会像镣铐一样。

脚链也仅适合于腿部修长、皮肤滋润的女性，腿短而粗或骨骼突出宽大的女性则不宜佩戴。

5. 与年龄搭配的要求

年轻人可选择佩戴一些轻松、简单而又有个性的首饰。

中年人可以选择佩戴体积稍大、设计上略显成熟的首饰。

6. 与发型搭配的要求

披肩长发的顾客可以选择华丽的、较大的耳饰或有坠子的耳扣，以及一些款式上华丽、具有批花抛光效果的首饰。这样首饰能在飘逸的长发中若隐若现，显示出动人的魅力。耳饰若太小就会不太显眼，起不到装饰的效果了。

短发的顾客脸型轮廓明显，佩戴首饰时首先要考虑脸型的因素，其次是首饰佩戴不能与发型特征相冲突。

发质较好的顾客可佩戴色彩艳丽大方的宝石耳环和吊坠；发质不好的顾客可选择一些滋润感的宝石，如松石、玉石、珍珠等。

7. 与服装搭配的要求

珠宝首饰的颜色若与服装颜色相似，则可形成协调之美。例如，红色服装配红宝石，紫色服装配蓝色宝石首饰（蓝色碧玺），绿色晚礼服配翡翠首饰，蓝色服装配绿蓝色松石或青金石首饰，效果不错。

穿中式服装的顾客可选择中国特色的传统款式首饰；而穿西式服饰的，则可选择现代风格的首饰。

如果顾客穿的是晚礼服，可以建议佩戴成套的钻石或彩色宝石首饰。

珠宝与深色的礼服或晚礼服搭配时，可选色彩鲜艳的贵重宝石首饰，如镶嵌钻石胸针、镶钻石耳环、红宝石吊坠、高品质翡翠戒指和珍珠项链等。与浅色系列礼服或晚礼服搭配时，可选颜色较浅的工艺精湛、光泽明亮、动感强烈的珠宝首饰，如一些绿色翡翠、紫翡翠、蓝宝石、海蓝宝石的首饰。

偏爱休闲服装的顾客选择首饰时，可建议选择一些轻松简洁的首饰，数量不必太多，如一些小克拉的钻戒，小颗红蓝宝石或翡翠、软玉吊坠等。

珠宝首饰一般不与运动装搭配，但是也可以推荐顾客佩戴一些简单的、动感的、青春活泼的首饰，如一只简单的戒指，一条普通的项链加上动物造型或一个卡通的吊坠，或是一些色彩明亮的天然彩色水晶、石榴石、托帕石等手链，显得生机勃勃，富有活力。

学习单元4 珠宝首饰商业心理学

学习目标

➢ 了解商业心理学的基本概念。
➢ 熟悉顾客心理活动过程。
➢ 掌握顾客购买心理动机简单分析。

知识要求

一、商业心理学基本概念

商业心理学是在商品流通领域里，研究人的特定范围心理活动的科学。它着重研究商品在生产、流通过程中,现实的和潜在的顾客心理活动及其规律性;也研究商业企业管理人员和营业员的心理,以沟通生产人员、销售人员、管理人员与顾客之间的关系,提高销售服务的效果。商业心理学作为一门独立的科学,内容极其丰富。所谓顾客心理也称为消费心理,是指人们在满足物质和文化生活需要的过程中,对消费对象及其相关事物的心理反应,是商业心理学中的一个重要分支,是营业员必须具备的专业知识。

二、顾客心理分析

顾客心理就是指顾客的思想活动。一般可以把顾客的这种心理活动过程分为六个阶段,即寻找商品、发生兴趣、引起联想、要求挑选、决心购买、买后感受。根据对顾客心理活动的分析,可以从顾客近柜、顾客选购和售后服务这三个接待过程来运用心理学知识,不断提高服务质量。

顾客近柜,这一过程需要正确判断近柜顾客的来意。进入商店的顾客大致有三种:有既定目标的顾客、来随便逛商店的顾客、想买商品但不确定具体买什么的顾客。营业员要学会判断顾客需求,才能有针对性服务。

顾客选购,这一过程需要揣摩顾客选购商品时的心理活动。顾客由于性别、年龄、职业、爱好、经济条件和购买商品的目的不同,在购买商品时,就会出现千差万别的心理状态:要求迅速成交的心理;犹豫不决、拿不定主意的心理;要求买到质好、价廉、数量足的商品的心理;要求买到适合自己爱好商品的心理;选择最好时机购买商品的心理。

售后服务,这一过程需要分析购买商品之后的顾客心理活动。购买商品之后的顾客心理活动,主要表现在顾客要求调换商品、反映商品质量、询问使用方法、要求对商品进行保修等。这时候的顾客心理活动有据理力争的心理状态、请求援助的心理状态、试探心理状态。总之,分析顾客购买商品之后的心理活动,也是改善服务态度、提高服务质量所不可忽视的问题。

顾客购买心理活动也可分为三个过程。

第一,是认识过程。从顾客走进商店时开始,这种认识过程是一个从感性到理性,从感觉到思维的过程。一般来说,顾客是从店容店貌、营业员态度、商品款式这三方面开始触动购物感觉的。这三个方面好或不好的感觉,是激发顾客是否购物的心理活动的外界因素,它们既是有形的,也是无形的;有物质方面的,也有精神方面的。从给顾客的第一感觉来分析,首先是营业员的仪表、面部表情、主动相迎姿态和招呼语,这是营业员给人的第一印象,对顾客心理活动会带来很大影响。其次是顾客进入商店,主要是来购买商品的,商品给顾客的感觉,是形成顾客购买商品认识过程的另一个主要方面。总之，顾客购买珠宝首饰心理活动中的认识过程是决定顾客是否购买商品的决定性因素。

第二，是顾客对商品的情绪过程。它大体可以分成以下几个阶段：

喜欢阶段，即顾客对商品的最初印象和感觉阶段。

激情阶段，即顾客对商品由喜欢而引起一时强烈购买热情的阶段。在这个阶段上，有些顾客就可能采取购买行动，但对大多数顾客来说，情绪过程还没有完成。

评价阶段，顾客在购买热情的驱使下，对商品经济、社会、道德、审美等价值进行评价。通过评价，感情同理智逐步趋于统一。

选定阶段，顾客经过对商品的评价，理智和感情集中到一个方向，于是对某种商品产生偏好，形成了购买行为。

第三，是顾客对商品的意志过程。它是一个与认识过程、情绪过程密切联系的过程，特点是对人的行动起到发动和制止两个方面的调节作用。顾客对商品的意志过程也可再分为几个阶段：

采取决定阶段，包括购买目的的确定、购买手段的选择和购买动机的取舍等。

执行决定阶段，购买的决定一经做出，随即化为购买的行动，进行商品的购买。

买后感受阶段，顾客购买商品以后，通过使用和周边人士的评判，往往会对自己的购买选择进行检查和反省。这种对购买动机的重新考虑，就形成买后的感觉。这种感觉将决定顾客是否扩大购买或后悔或退货。

三、顾客购买动机心理分析

对顾客购买动机心理的分析，一般可以分为共性和个性两个方面。

共性方面包括求实心理动机、求新心理动机、求美心理动机、求名心理动机、求利心理动机。求实心理动机，是以追求商品的实际使用价值为主要目的的购买动机；求新心理动机，是以追求商品的新颖和独特为目的的购买动机；求美心理动机，是以追求商品的审美价值为主要目的的购买动机；求名心理动机，是以显示自己地位和威望为主要目的的购买动机；求利心理动机，是以追求廉价商品为主要目的的购买动机。

个性方面是顾客的个性心理活动，取决于个人的能力、气质和性格等个体差异。因此，掌握好各种顾客不同的消费个性，有针对性地进行接待，可大大提高服务质量。

学习单元 5 珠宝首饰营业矛盾处理

学习目标

➢ 了解珠宝首饰营业矛盾的产生。
➢ 熟悉珠宝首饰营业矛盾处理的原则。
➢ 掌握珠宝首饰营业矛盾处理的方法和镶嵌首饰争议解决的方法。

**知识要求**

一、营业常见矛盾的产生

在营业过程中所发生的诸多矛盾,主要有两种:供求矛盾和服务矛盾。这些矛盾是客观存在的,在一般情况下,营业员应居于矛盾的主要方面,双方发生矛盾时应严格要求营业员,而不应苛求于顾客。现代社会中的营业员与顾客是一种新型的、平等的服务与被服务人际关系,正确处理好售货矛盾,是售货工作的一个重要方面。

二、营业常见矛盾的处理原则

营业过程中发生矛盾时,营业员一定要记住"顾客是衣食父母"这一至理名言,并坚持以下两条矛盾处理的原则。

1. 正确对待顾客批评,倾听顾客意见

店铺营业员一定要认识到顾客的批评意味着店铺在经营管理方面存在弱点。因此,必须从思想认识上善意地看待顾客的批评意见。在顾客提出批评的过程中,营业员应该让顾客敞开胸怀尽情倾诉,而不能中途打断顾客的讲话,否则顾客只会更加冲动。只有积极正视批评意见,才能在妥协的认识基础上,进而采取妥协的姿态,不失礼貌地处理顾客提出的批评。

2. 真诚向顾客道歉,妥善解决矛盾

对于店铺来说,当产生营业矛盾时,首先要表示解决问题的诚意,向顾客致歉,了解顾客的真实情况,不要急于分清责任,更不要以为顾客故意滋事。如果确实在经营过程中出现缺陷,营业员应该诚恳道歉来及时挽回店铺的商誉,并找出相应的解决办法,这是最重要的。如果顾客有误会要求营业员解释时,营业员就应该言简意赅地解释,而不能单纯辩解,致使矛盾激化。营业员一定要明白,当自己能及时主动地承担过失时,只要是通情达理的顾客,大多不会再抓住矛盾焦点,顾客也会谅解,甚至还会反过来向营业员表示歉意。

三、营业常见矛盾的处理误区

每位营业员都希望遇到心平气和、以和为贵的顾客,但事实并非如此。有些营业员遇到有矛盾的顾客时,不懂得怎样处理,甚至不会容忍顾客,这里很大一部分原因来自于营业员对待顾客的异议存在误区:

1. 如果顾客没有投诉就说明我们的工作做得很好

据研究表明,100个不满意的顾客只有4个会真正地投诉。为什么其他顾客会不投诉呢?因为投诉会无形中增加顾客的成本(无论是时间还是精力),而投诉的问题还不一定能够获得有效解决,所以不是每位不满的顾客都愿意这么做。但作为营业员心里要明白,在没有顾客投诉的时候并不意味着工作就真的做得完美了。

2. 失去一位顾客无伤大局

有些企业,特别是有一定实力的企业往往这么想。但要知道:研究表明,不满意的顾客肯定能够会把他的不满意至少告诉11个人以上,1个顾客的抱怨代表着25位没说出口的顾客的心声。这样的循环辐射的效果是,企业每失去一位顾客,就意味着失去一系列顾客,一个企业的顾客会上百倍地流失。

3. 我们总是有新顾客来的

任何一个服务行业的顾客群都会受到一定的制约,或者相对来说都是有限的。"酒香不怕巷子深"对于现在竞争激烈的市场经济来说已经过时了。另外,要吸引一位新的顾客多花费的成本将远远高于留住一位老顾客,据统计,约为保留老顾客的5倍。如果企业每年降低5%的顾客流失,利润每年可增加25%~85%。因此,重视老顾客是非常重要的。

4. 即使平息了顾客的异议,他们下次也不会再来光顾了

实际情况是顾客的异议得到有效解决后,会比没有投诉的顾客更有可能成为忠实顾客,更愿意认可这个企业及其商品,而且也会从侧面给旁观投诉解决过程的顾客留下良好的印象。

5. 不是我的顾客,我没必要搭理

很多顾客在产生问题后,直接去找部门而不去找具体的个人,其实对于顾客来说,让他们找到当初的接洽人非常不现实,也没必要。在他们看来,现在出现了问题企业就应该承担责任,而不管具体谁来接洽,他们要的是一个结果。因此,接洽投诉顾客的工作人员要承担起解决顾客投诉的责任。

6. 投诉的顾客都是些无理取闹的人

虽然不排除有这样的人,但实际上很少有人会去这么做。投诉是需要花费时间和精力的，甚至还需要经济上的投入。而无理取闹或恶意中伤不仅要花钱浪费时间，可能还会对自身的名誉造成影响，甚至要承担一定的后果，所以很少有人无理取闹。

四、营业常见矛盾的处理方法

顾客多、营业忙与应接不暇的矛盾。营业员要尽可能做到"接一、问二、招呼三"。

顾客挑选商品次数多与快速成交的矛盾。营业员要不怕麻烦，尽量让顾客挑选，并从中帮助顾客挑选。这样可加速交易过程，达到快速成交的目的。

顾客与营业员退换货时发生的矛盾。对于来购买商品的与前来调换的顾客，营业员要一视同仁地接待，表现出满腔的热诚，本着对企业负责和对顾客负责的精神，区别情况，正确处理。

顾客要求热情接待与营业员遇到不顺心事的矛盾。这一矛盾的解决，关键在于营业员能否正确对待和处理好自己的情绪，神情专注地进入角色，为顾客服务好。

营业员与顾客在收款找零发生差错时引起的矛盾。营业员要沉着冷静地进行回忆，妥善处理。

商品暂时供不应求引起的矛盾。营业员要主动向有关部门反映，积极组织货源，并向顾客如实说明情况或在《缺货登记簿》上登记，待货到后，再通知顾客。

五、营业常见矛盾的防止与缓解

为了有效避免与顾客的冲突，营业员要做到以下几点：

自觉地把全心全意为顾客服务作为一切行动的出发点。把顾客当朋友，处处为顾客着想，与顾客保持相互尊重的友爱关系，讲究职业道德，做好服务规范，文明经商。

要理解顾客，从顾客的角度，富有善意和同情心，设身处地为顾客考虑。

应采取主动的让步行动，以"有理让三分"的姿态促使矛盾的缓解和转化。有些矛盾营业员解决不了，就要及时向部门有关领导汇报，共同研究解决方法。

六、镶嵌首饰消费争议解决方法

镶嵌首饰消费争议解决方法按珠宝首饰行业组织会同消费者权益保护委员会共同拟定的《镶嵌类饰品消费争议解决办法》解决。

《镶嵌类饰品消费争议解决办法》是由行业组织组织编写的，作为一个行规、行约督促企业照章执行。此后发生镶嵌饰品消费争议投诉按此《办法》处理。

《镶嵌类饰品消费争议解决办法》明确地界定了买卖双方各自应负的责任：凡饰品的

齿爪凹槽太浅太薄、太短太细没能有效镶嵌住钻石、宝玉石的；产品有明显可见的砂眼或裂纹的；镶嵌齿距不均匀，宝石在齿口内明显歪斜的；齿爪毛糙或有翘头现象，易被钩拉致使所镶嵌的钻石或宝石松动的；产品整体用料过于轻薄容易变形，并使镶嵌部位一起变形，由此影响宝玉石松动脱落等，均属于卖方的责任。而凡无有效发票、发票与饰品不符、发票更改过的；因让别人拆动过而使钻石或宝玉石镶嵌松动而脱落的；顾客使用不当或保管不妥，致使钻石或宝玉石镶嵌松动造成脱落的；因不可抗力而造成饰品损坏等，则属于买方的责任。

学习单元6　珠宝首饰安全管理

学习目标

➢ 熟悉珠宝首饰防火和防盗的基本常识。
➢ 掌握珠宝首饰防火和防盗的应急处理方法。

知识要求

一、柜台的防火

珠宝首饰柜台的防火是柜台商品保管与销售工作的一个重要组成部分。营业人员要时刻准备防火事件的发生，平时要定期保养和检查各种消防设施，按规定使用电器，不得在商场内吸烟或使用明火操作，维修、镶嵌柜台确实因工艺要求需要使用明火的，要按消防规定做好相应的预防措施。柜台工具应包括设置灭火消防设备，并定期举行防火演习。营业员要熟练掌握灭火器的使用方法和灭火常识，熟悉消防通道并保证消防通道畅通。

火灾是一种突发性事故。在火灾发生时，要镇定自若、从容有序。在保护好货品的同时，要第一时间想方设法拨打119报警并使用消防设施灭火。火灾发生后要及时清理珠宝首饰商品，向有关部门报告，发生重大财产损失的应向公安部门报案。

二、柜台的防盗

珠宝首饰具有较高的经济价值，是小偷、盗贼经常窥视的目标，每个营业员只有不断提高警惕，才能发现和预防盗窃的发生。

营业员要了解盗窃的一般规律，及时发现事故苗头，预防事故发生。盗窃分子要实施犯罪行为，一般都有预谋、准备过程。营业员在工作中，只要注意观察是可以发现盗窃分子的某些特征的，如他们进入商店时很少手中拿提包，常常没有购买目标，什么地方人多往什么地方挤。盗窃一般发生在商店内人流的高峰期，高峰期内顾客多，人流变化快，工作繁忙，小偷便会趁火打劫。盗窃也可能发生在商品的多次调换中，不法分子以买珠宝首饰为名，要求观看商品，并在观看中不断要求调换样品。当营业员注意力被分散时，犯罪分子便窃走商品或用事先准备好的首饰替换柜台的高档珠宝首饰。如遇到抢劫事故时，要以保护顾客和营业员人身安全为主要原则，注意动作的公开性，以免抢劫者误解，发生暴力行为。同时要拖延时间和启动报警设施，尽可能减少损失。

珠宝店内大多设有专职的保安人员、电视监控系统及防盗报警系统。营业员与保安人员要定期举行防范演习，发现紧急情况时，可按照企业安全保卫条例报警，并保护现场，等待公安人员勘察。在发生盗窃事故的三分钟"记忆犹新"阶段之内，要尽可能记录或书面描述盗窃人的外貌形象，协助公安人员及时进行事故处理。

珠宝店也要防范营业人员监守自盗行为的发生，主要是严格把好招聘录用第一关，经常举行培训活动，加强对营业人员的监督，对涉及商品、资金、财务方面的行为实行过程记录，并以两人共同操作为原则，便于互相督促，防止不良行为发生。

第3节　珠宝首饰商品陈列

　珠宝首饰商品展示

 学习目标

➢ 掌握珠宝首饰商品展示方法。

➢ 熟悉珠宝首饰商品拿放。

 **知识要求**

一、柜台商品的展示

在珠宝首饰的销售中,营业员必须根据珠宝首饰的品种、款式、特点及顾客购买心理、兴趣、爱好采用不同的展示方法。一般有仪器法、敞开法、示范法。

1. 仪器法

仪器法展示的目的是加强顾客对珠宝首饰性质、材质特点的了解,从而增强购买的信心。注意事项:一要把握适当的时机,使用仪器展示,在顾客多时要适当缩短仪器展示时间;二要注意安全,既要防止顾客使用不当造成仪器损坏,又要防止在用仪器观察时珠宝首饰的跌落或丢失。

2. 敞开法

敞开法即将首饰敞开,展示首饰全貌,引起顾客注意,以激发顾客的购买兴趣。注意事项:珠宝首饰的展示要根据顾客挑选的需要来进行。当顾客对某一首饰表现出兴趣时,营业员应及时进行递拿和展示。为顾客递拿首饰应双手操作,表示对客人的尊敬和重视。在展示过程中,首饰的正面或贴有商标的一面应面对顾客,使顾客看到商品的全貌。还要配合语言解说,介绍要简洁明了,重点突出,引人入胜,具有艺术感染力。展示时动作要轻盈、娴熟,讲究服务技巧,并注意动作、语调与神态的协调,适应顾客的心理反应速度。在展示珠宝首饰时应一件一件单一操作,切忌几件首饰同时展示,以保证珠宝首饰的安全。

3. 示范法

示范法即由营业员佩戴或顾客佩戴等方式来展示首饰。在顾客对珠宝首饰的特性、款式有所了解的基础上,可采用示范展示法,使顾客进一步了解其佩戴效果。注意事项:适当运用语言,恰如其分地为顾客做介绍,不要言过其实,避免引起顾客的反感;帮助顾客试戴时,动作要小心、轻快、熟练,并注意与顾客保持适当的距离,以免给顾客造成压抑感。在展示过程中,应细心观察顾客表情,尊重顾客的喜好和自身感觉。

4. 联系互动法

在珠宝展示时,可以利用各种有助于介绍首饰的图片、POP 广告、说明书、市场调查报告、报纸杂志新闻报道、权威机构评价等宣传资料来增强首饰展示的可信度。数据和事实的说服力将超过任何语言都无法达到的良好效果,可以激发顾客联想购买后的良好感受,促进顾客的购买欲望。

二、柜台商品的拿放

珠宝首饰不同于其他商品，品种繁多，价值昂贵。营业员在进行首饰拿放和准备时，必须注意动作细致，严格进行数量和质量的验收，及时调整和补充畅销品种和款式，合理摆放珠宝首饰，并注意日常保养，让整个柜台丰富多彩。具体要求如下：

提取商品：按规定将珠宝首饰从保险柜中提取出来，做好记录。

补充商品：按需要补充珠宝首饰的款式和数量，按规定摆放或陈列。

检查商品：检查补充或原留存商品的数量和质量，核对商品检验证书和"价签"标识。

摆放商品：按要求将珠宝首饰摆放于柜台内，锁好柜台门，将钥匙放于固定位置，并由专人保管。

学习单元2 珠宝首饰店铺商品的陈列

学习目标

➢ 掌握珠宝首饰陈列方法。
➢ 熟悉珠宝首饰礼品包装。

知识要求

一、柜台陈列方法

珠宝首饰店铺商品陈列是一项富有艺术性的工作，并没有固定的程序，应根据首饰类型和店铺定位的不同而有所区别。但是无论采取什么样的形式和方法都应该做到美观、真实、醒目、整洁，保持经常性的变化，并方便顾客参观选购和营业员的拿放。

珠宝首饰店铺商品陈列中还需要注意陈列的数量的比例，一般用种类密度来表示：

$$种类密度 = \frac{种类数量}{陈列总数} \times 100\%$$

种类密度越高，表示陈列的重复率越低、陈列的品种越多、宝石组合性能良好。在具体环境中，柜台中所陈列的珠宝首饰同一品种、同一款式最多摆放1～3件。过多的重复会让人感到雷同、单调、沉闷，商品不够丰富。

此外，还可以根据店内的特色，适当播放一点轻音乐，这样不仅可以吸引顾客，还可以调节店内的气氛，使顾客驻留久一点，引起购买。具体柜台首饰陈列方法有以下几种：

1. 纵向陈列法

把同类首饰按垂直方向排列，使顾客不需要左右移动，眼睛只要上下看，即可挑选所要的首饰。这种方法有易找、易看、易取、易放的便利性。

2. 横向陈列法

把同类首饰作横向的排列。这种方法能使顾客被诱导到珠宝首饰店的深处，增加其他首饰展示销售的机会。但顾客在挑选珠宝首饰时，必须沿着货柜做水平式左右移动。

3. 线型陈列法

以货柜各层的展示空间为基础，以珠宝首饰形状和摆放空间的大小为依据，将珠宝首饰排列成一条平行、垂直、竖立或倾斜有序的线条。这种方法能统一、直观、真实、整齐地表现出首饰的丰富内容，使顾客一目了然，具有强烈的感染力。

4. 梯形陈列法

把珠宝首饰按阶梯式进行排列，如小型（件）的珠宝首饰摆在距离眼睛最近的地方，以扩大视觉效果，吸引顾客的注意；大型（件）的珠宝首饰摆在较远的地方，使顾客不会产生笨重的感觉，增强珠宝首饰的可观性；较便宜的珠宝首饰应摆在容易拿取的位置，较昂贵的珠宝首饰则摆在其后方；暗色系的珠宝首饰摆在靠近顾客视线的地方，明亮色系的珠宝首饰放在暗色系珠宝首饰的后方；季节性、流行珠宝首饰或促销珠宝首饰及新出的珠宝首饰放在前方，一般的珠宝首饰放在后方。这种方法使得珠宝首饰的视觉层次感和销售热点非常强。

5. "黄金带"陈列法

把需要重点展示陈列的珠宝首饰摆放在最显眼、最直接的位置，即"黄金带"的方法。"黄金带"又称为"黄金视线位置"，是指顾客最容易看到的位置，通常是根据顾客的身高而变化的。若以170～175 cm高的顾客为例，顾客挑选珠宝首饰时，眼睛距离货柜通常50～60 cm，而人通常的视野宽度在120°左右，其中看得最清楚的部分则在60°左右。因此，如果离柜台60 cm处，最有利的黄金视野幅度约是90 cm的陈列宽度。

6. 连带陈列法

把一组相关的珠宝首饰尽可能摆放在一起，或是将相关珠宝首饰紧邻在重点珠宝首饰上下左右的排面上放置，这样，既能让顾客看到重点促销的珠宝首饰，又能关联到其他相关的珠宝首饰，从而刺激顾客购买，方便顾客挑选，同时又便于售货员拿取。

二、橱窗陈列方法

珠宝首饰的橱窗陈列,主要是增加陈列效果的立体感,并运用色彩的对比,凸显橱窗的醒目和美观,突出所陈列首饰的视觉效果。如利用人体模型陈列,在陈列时把珠宝首饰佩戴在显眼位置的模型身上,以达到最直观的吸引顾客的目的。具体陈列方法有以下四种:

1. 综合式

综合式是一种将许多关联度不高的首饰综合陈列在一个橱窗内,以组成一个完整的橱窗广告。这种橱窗陈列由于首饰之间差异较大,设计时一定要谨慎,不要使之显得杂乱。综合式陈列方法主要有三种,即横向、纵向以及单元陈列。

2. 系统式

有的商店橱窗面积较大,可以按照首饰的不同标准组合陈列在一个橱窗内。又可具体分为四种,即同质同类首饰橱窗、同质不同类首饰橱窗、同类不同质首饰橱窗以及不同质不同类首饰橱窗。

3. 专题式

以一个广告专题为中心,围绕某一特定的事情,组织不同类型的首饰进行陈列,向顾客传送一个主题,如情人陈列、婚庆陈列等。它多以某个特定环境、特定事件为中心,把有关首饰组合陈列在一个橱窗内。形式上又可分为节日陈列、场景陈列与事件陈列三种。

4. 特写式

运用不同的艺术形式和处理方法,在一个橱窗内集中介绍某一类的首饰。适用于新款首饰、特色首饰广告宣传,主要形式有单一首饰及首饰模型特写陈列。

三、礼品包装

珠宝首饰的礼品包装是对顾客用于馈赠的珠宝首饰礼品进行的再包装。材料主要有各色印花纸、彩带,以及企业印制的礼品袋。工具一般包括剪刀、美工刀、双面胶、透明胶带纸等,主要根据首饰盒形状包装,如珠宝首饰盒的形状是方形、长方形的,则可按如图3—7所示步骤进行。

根据待包装首饰盒的大小,裁剪好适当的包装纸。

将包装纸里面朝上,平铺在操作台上,把被包装首饰盒放在包装纸的中央位置。

两手同时将包装纸从首饰盒两侧折起,扶平整后,把首饰盒顶角中间交叠,另一手撕透明胶带纸,顺交叠缝粘牢。

被包装首饰盒的另两头用同样的方法,两手将一头的包装纸对边折起扶平,与折起两

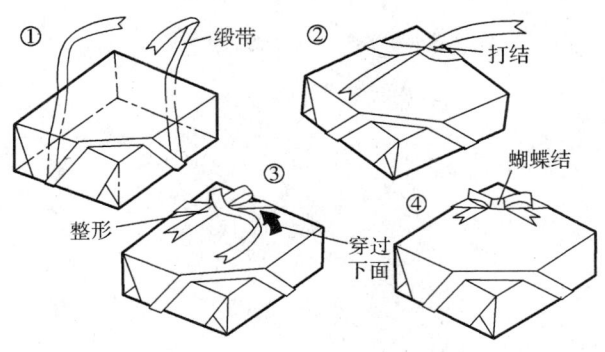

图 3—7　方盒包装的步骤

侧的交叠处交叠,用胶带纸封牢,再折另一头封好。

　　捆扎丝带。根据顾客的喜好选择相应的丝带,可捆扎成"十"字缠绕形、"井"字形、"玫瑰花"形等。

　　粘花。根据顾客的选择,再用丝带制成各种花结粘在包装好的礼品盒上。

　　当礼品包装完毕后,必须进行包装质量的检查,力求美观、均匀、适中。

第 4 章

珠宝首饰柜组核算

第 1 节　珠宝首饰柜组核算概念　　/68
第 2 节　珠宝首饰柜组经营数据统计　/70

实行独立核算的零售企业,为了加强定额管理,更好地发挥商品柜组在企业管理中的作用,将若干定额指标,如销售额、经营品种、库存商品资金、劳动效率、差错率等以及相应的管理权限,下放给商品柜组。营业柜组在执行定额的管理过程中,通过简单易行的核算工作,定期检查定额执行情况。

零售营业柜组对定额执行情况的简单核算方法就是柜组核算。

第1节 珠宝首饰柜组核算概念

学习单元1 珠宝首饰柜组核算内容

学习目标

➢ 熟悉珠宝首饰柜组核算的体系。
➢ 掌握珠宝首饰柜组各种核算的基本内容。

知识要求

柜组核算是由业务核算、会计核算和统计核算组成的核算体系。

一、业务核算

业务核算是反映有关生产和经营方面的各种具体事实,用来检查业务计划执行进度的一种核算。例如,合同执行情况的检查记录,商品进、销、存业务的成本分析等。

二、会计核算

会计核算是反映企业有关资金周转情况和财务状况,以便保护企业财产和从财务方面监督企业经济活动的一种核算。目前,零售企业一般实行的是"售价金额核算、实物负责制"。其主要内容是建立实物负责制,以售价记账,设置"进销差价"账户,加强商品盘点。

三、统计核算

统计核算是一种综合性的核算，它不仅提供一个企业的统计资料，而且还要经过汇总，提供单位所需的综合统计分析资讯。

统计核算的主要内容如下：

一要掌握商品流转统计的基本指标体系。零售商品流转的全过程主要包括进、销、存三个基本环节，它们之间存在着以下平衡关系：

期初商品库存＋本期商品购进＝本期商品销售＋期末商品库存

二要熟记统计商品目录的主要内容。统计商品目录的主要内容是统一商品目录名称，包括商品范围和分类，以及统一计量单位。

三要了解商品的统计分析。根据商品经济用途、商品性质等进行分类。

在柜组核算中，业务、会计、统计三种核算，既相互联系，又密切配合，组成一个统一体。

学习单元2　珠宝首饰柜组核算方法

学习目标

➢掌握珠宝首饰核算方法。

➢熟悉珠宝首饰柜组核算的特点和意义。

知识要求

一、柜组核算方法

柜组核算按照统一领导、分级管理、分级核算的原则建立，在大中型零售企业中，实行商店、商品部、营业柜组三级核算。商店下放给柜组一定的权限，同时对柜组核定经济指标，作为柜组核算的基本内容，包括销售、经营品种、库存商品、费用、劳动效率、差错率等指标。柜组核算的指标，应根据企业要求，结合本单位的实际情况，采取上下结合、逐级批准的办法来确定。一般要求"五定",即定销售额、定经营品种、定商品资金占用率、定劳动效率、定差错率。

二、柜组核算的特点和意义

1. 柜组核算的特点

一是企业核算同员工参加企业管理相结合。二是核算内容与柜台业务紧密联系。三是员工核算和专业核算相结合,以员工核算为基础,以专业核算为指导,组成商店统一的经济核算网。

2. 柜组核算的要求

柜组核算要同专业核算和竞赛奖励结合起来。在搞好柜组核算同业务竞赛相结合的同时,还必须注意贯彻按劳分配的原则,计算和分配好柜组奖金。奖金是超额工作的报酬,奖金的分配应以提供多少超额工作为依据,避免平均主义。

3. 实行柜组核算的意义

(1) 有利于推动经营责任制,贯彻按劳分配原则,调动员工积极性,推动业务竞赛的深入开展。

(2) 有利于改善经营管理,推进增收节支活动的深入开展。

(3) 有利于端正企业的经营方向,合法经营。

(4) 有利于密切企业内部各部门之间的关系,加强协作。

第 2 节　珠宝首饰柜组经营数据统计

学习单元1　珠宝首饰柜组经营数据计算

学习目标

➢ 掌握珠宝首饰柜组经营数据的统计计算方法。

 **知识要求**

一、市场动态的数据计算

$$商品资金占有率 = \left(\frac{报告期商品资金平均占用额}{报告期销售额}\right) \times 100\%$$

$$商品资金年周转天数 = \left(\frac{年平均商品资金占用额 \times 360 \text{天}}{年销售额}\right)$$

$$损益平衡点 = \frac{经营费用}{毛利率}$$

二、营业指标的数据计算

$$费用率 = \frac{报告期由柜组直接支付的费用额}{报告期销售额} \times 100\%$$

$$毛利率 = \frac{报告期毛利额}{报告期纯销售额} \times 100\%$$

$$营业员人均销售额 = \frac{报告期销售额}{实际出勤营业人数或定员人数}$$

$$营业目标 = 现有店铺面积 \times \left(\frac{当年同期数据}{当前店铺面积}\right)$$

$$单位面积效率 = \frac{销售业绩}{店铺面积}$$

三、商品销售的数据计算

$$销售净额 = 商品销售收入 - 销售退回与折让$$

$$销售毛利 = 销售净额 \times 销售毛利率$$

$$销售成本 = 销售净额 - 销售毛利$$

四、商品经营的数据计算

$$商品进销差价率 = \frac{期初结存商品的进销差价 + 本期入库商品的进销差价}{期初结存商品的进销售价 + 本期入库商品的售价} \times 100\%$$

$$期末存货成本 = 期初存货成本 + 本期购货成本 - 本期销售成本$$

学习单元2 珠宝首饰商品柜组经营数据的管理目标

学习目标

➢ 了解珠宝首饰商品经营数据管理的内容和目的。

知识要求

通过对珠宝首饰商品经营的数据计算,做好各项数据的统计分析和管理工作,主要包括以下几个方面:

(1) 分析柜组在经营方向上,执行有关企业工作的方针、政策、商品流转计划方面的情况,以及是否按市场规律办事,提出调整、改革方向。

(2) 分析城乡市场的动态、社会购买力的趋势、当地货源和商品供需变化情况,提出扩大购销的可能性和措施。

(3) 分析季节性商品的购销情况,研究如何做到既满足需要又不积压过季商品的方法。

(4) 分析库存商品的结构、适销商品的比重,以及积压、呆滞、残损商品的情况及其产生的原因,研究如何调整库存商品结构、加速资金周转、提高资金使用效果的方法。

(5) 检查柜组厉行节约、讲究经济效果、明确经济责任的情况,提出改进措施。

(6) 总结柜组完成各项定额的经验和存在的问题,计划下阶段工作方案。

第 5 章

珠宝首饰计量与鉴定证书常识

第 1 节　计量单位　　　　/74
第 2 节　常用计量用具　　/76
第 3 节　宝石鉴定证书　　/83

计量单位是由国家以法令形式规定允许使用的用以表示与其比较的同种量的大小的约定定义和采用的特定量。以国际单位制单位为基础，同时选用了一些非国际单位制的单位而构成。国际单位制简称 SI，是在国际计量大会上通过的国际计量单位。计量单位一律用国际符号表示。珠宝首饰是特殊的贵重商品，除了国家规定的计量单位标准外，还有国际通用的计量单位标准。

计量用具是法定的计量衡量工具。珠宝首饰常用的计量用具包括直尺、电子卡尺、手寸圈、手寸棒、电子天平等。

宝石鉴定证书是珠宝质检机构有专业资格的鉴定师根据国家标准进行鉴定后提供的报告，在保护市场、维护消费者权益方面起到了积极作用，主要内容是根据测定的数据描述宝石的物理性质、光学性质和力学性质，对宝石进行定名。

第 1 节　计 量 单 位

学习单元 1　长度计量单位

学习目标

➢熟悉珠宝首饰长度计量单位的基本常识。
➢掌握珠宝首饰长度计量单位的换算方法。

知识要求

一、法定长度单位名称、符号

法定长度单位名称为：米，单位符号为：m。

二、国际通用长度单位名称、符号

国际通用长度单位名称、符号如下：

1 米（m）＝100 厘米（cm) 　　　　1 米（m）＝3.28 英尺（ft）
1 厘米（cm）＝10 毫米（mm）　　　1 英尺（ft）＝0.30 米（m）
1 毫米（mm）＝10^3 微米（μm）　　1 厘米（cm）＝0.39 英寸（in）
1 毫米（mm）＝10^6 纳米（nm）　　1 英寸＝2.54 厘米（cm）

 学习单元 2　质量计量单位

 学习目标

➢ 熟悉珠宝首饰质量计量单位的基本常识。
➢ 掌握珠宝首饰质量计量单位的换算方法。

 知识要求

一、法定质量单位名称、符号

法定质量单位名称为：千克（公斤），单位符号为：kg。

二、国际通用质量单位名称、符号

1. 克

克（g）。在 4℃ 的温度下，大气压为 1 时净水的质量，即 1 kg＝1 000 g、1 g＝1 000 mg。

2. 金衡盎司

金衡盎司。英美等国的衡量单位，1 金衡盎司＝31.1 035 g，通常记为 31.1 g。

3. 克拉

克拉（carat，简写为 ct）。在宝石行业中，常用克拉作为钻石和宝石质量的衡量单位。1 分＝0.01 ct、1 g＝5 ct。

克拉一词，源自希腊语中的 keration，就被用做珠宝和贵金属的质量单位。

4. 司马两

司马两。是通常在珠宝首饰业中的"两"，不同于日常生活中的"两"，1 司马两＝37.429 g。

5. 珍珠格令

珍珠格令。是国际上常用的珍珠质量单位，1 珍珠格令＝0.25 ct＝0.05 g。

第 2 节　常用计量用具

学习单元 1　常用长度计量用具

学习目标

➢掌握珠宝首饰常用电子卡尺和手寸长度计量用具的基本常识。
➢能够进行珠宝首饰常用电子卡尺和手寸长度计量用具的操作。

知识要求

一、直尺

直尺可以分成刚性尺及柔性尺两种，又可按其刻度单位分成公制和英制两大类，也有两种刻度单位均备的。英制刻度有 1/64 in、1/32 in、1/160 in、1/8 in 和 1/4 in 的，也有 1/100 in、1/50 in、1/20 in 和 1/10 in 的。而公制的则是每厘米 10 个等分。

使用直尺时，注意起始点是否对齐，注意待测物体的末端是否与刻线对齐，注意利用较薄的直尺来减少视差，尽量避开中间障碍物并将直尺放平。

二、电子卡尺（数显卡尺）

电子卡尺是一种能准确到 0.1 mm 以上的较精密长度量具，用它可以测量物体的长、宽、高、深及工件的内、外直径等，主要由按厘米尺刻度的主尺和一个可沿主尺移动的游标（又称副尺）组成，如图 5—1 所示。

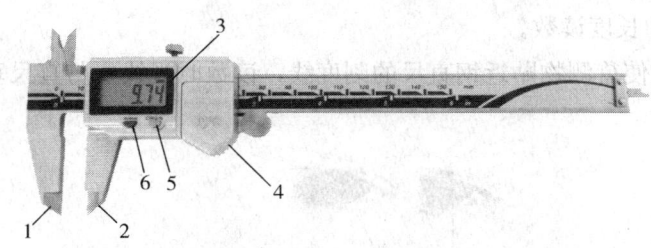

图 5—1　电子卡尺
1—固定卡脚　2—活动卡脚　3—液晶显示器　4—插板（换电池）
5—置零按钮（可在测量中的任意位置置零）　6—公制换算按钮（可循环转换）

三、手寸圈、手寸棒

手寸圈和手寸棒（见图 5—2）都是用来测量戒指大小和手指粗细的工具。手寸圈由 33 个小金属圈组成，每个金属圈上刻有"1""2""3"……"33"字样，表示手指的直径由小到大。手寸棒是一根上小下大的圆锥棒，上有分布均匀的垂直于高度方向上的水平刻线，每两个刻线之间刻有"1""2""3"……"33"字样，表示戒指圈直径由小到大。

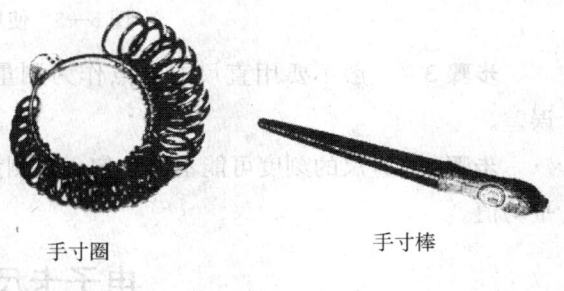

手寸圈　　　　手寸棒

图 5—2　手寸圈和手寸棒

四、维护保养

（1）保持干燥，防腐蚀。
（2）避免外力挤压、损伤。
（3）使用电池的，长期不用时应取下电池。
（4）使用清水或中性清洁液清洗外部污染，注意防止渗透进内部电子元件。

技能要求

直尺的使用

直尺是用来测量首饰长度尺寸的计量工具。

操作步骤

步骤 1　将直尺与被测物体平行，被测物体一端与直尺 0 位对齐，另一端所在的位置即为该被测物体的长度读数。

步骤2 尽量使待测物贴近钢直尺的刻度线，读数时视线要与直尺垂直，如图5—3所示。

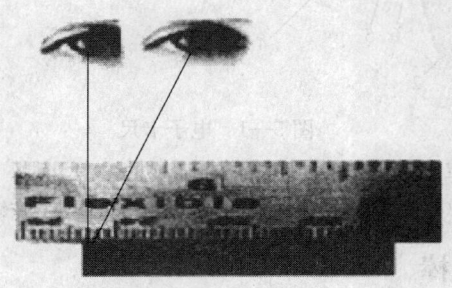

图5—3 使用直尺读数

步骤3 一般不要用直尺的端点作为测量的起点，因为端边易受磨损而给测量带来误差。

步骤4 直尺的刻度可能不够均匀，在测量时要选取不同起点进行多次测量，然后取平均值。

电子卡尺的使用

电子卡尺是用来精确测量被测物品尺寸的计量工具，特别适用于测量物体的内径和深度等直尺不能测量的尺寸。

操作步骤

步骤1 使用前先将卡尺合拢，此时显示屏显示应为0。若不为0，则按右边的清"0"按钮，使读数为0。

步骤2 若测量单位需要公制英制互换，则按"mm/in"按钮，以转换长度单位。

步骤3 然后拉开卡尺，根据待测样品的大小或形状选择上测脚或下测脚进行测量，移动尺框应平稳。

步骤4 测量完毕，用专用油揩清，将两尺0线对齐，检查零点误差有否变化，再放在专用盒子里盖好，保存在干燥的地方。

注意事项

（1）电子卡尺是比较精密的长度计量仪器，使用时严禁碰撞。

（2）测量时姿势和位置要准确无误。

（3）移动尺框时，应松开紧固螺钉，使用前要擦净测量面上的油污等。

(4) 尽可能避免卡尺暴露在尘埃较多的地方和直接接触水等液态物质。

(5) 不要将卡尺放在磁性物体上。如卡尺带有磁性，应及时退磁。

(6) 避免使卡尺受阳光紫外线及温度强烈刺激。

(7) 可用汽油或酒精擦洗量面，但要避免接触电子元件及尺身贴面。

(8) 使用和检验环境相对湿度≤80%，在0～40℃内使用。

手寸圈的使用

手寸圈是用来测量佩戴戒指手指尺寸的工具。

操作步骤

步骤1 将手寸圈依次戴在所戴戒指的手指上，并根据大小进行调整，直至选出合适的大小。

步骤2 读取手寸圈上的编号，即可知道手指佩戴戒圈的尺寸。

步骤3 按照手寸圈的编号加工或购买成品即可得到尺寸合适的戒指。

注意事项

手寸圈使用时勿使蛮力，以免手寸圈套在手上取不下来，伤害身体。使用结束后，妥善收藏，切勿接触有机溶剂。在戴上手寸测量器之后，应确保它能顺利滑过手指关节上方。不要在天气特别冷的时候测量手指，因为此时手指型号最小。最好在晚上7～10点测量，因为此时所测得的手寸最为准确。根据不同的季节适当调整自己的手寸号码，天气较冷的冬天，手指比夏天要小半号到一号。这个时候选择的戒指以戴上后可以左右旋转但又不易脱落为宜。大部分女性佩戴的戒指号码为10～15号，其中12号与13号居多；大部分男性佩戴的戒指号码为17～22号，其中以18～20号居多。

手寸棒的使用

手寸棒是用来测量戒指直径的工具。

操作步骤

步骤1 使用时将戒指套入手寸棒上。

步骤2 使戒指与手寸棒垂直。

步骤3 读取棒上相应的数字，即可知道所测量的戒指圈口尺寸。读取数字时，应以圈口中心线所在位置相对应的棒上标识数字为准。

注意事项

手寸棒使用时勿使蛮力，戒指套在手寸棒上卡住了，会造成手寸棒表面磨损。使用结束后，妥善收藏，切勿接触有机溶剂。

学习单元 2 电子天平

 学习目标

➤ 掌握电子天平基本常识。
➤ 能够进行电子天平的操作。

 知识要求

一、电子天平原理

电子天平（见图5—4）是将质量信号转化为电信号，经过放大，由数字显示而完成质量测量的精确计量仪器。电子天平的特点是所有功能控制在一条杆上，选择称量范围，称量操作迅速简单，在几秒钟内即可完成称量。电子天平内装有稳定性监测器，达到稳定时才输出数据，重现性和准确性较好。有些电子天平还能完成自动校验，无须额外器具或砝码。另外，电子天平抗干扰能力强，可在环境较差的工作地点保持良好的稳定性。

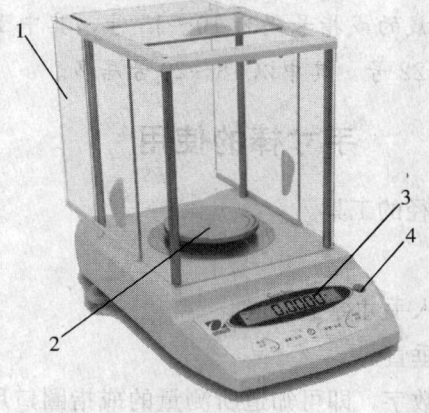

图5—4 电子天平
1—移门 2—秤盘 3—数据显示窗口 4—水平泡

二、电子天平精度要求

当样品质量 $m \leqslant 1$ g 时,天平精度不低于 0.001 g。

当样品质量 $1\text{ g} \leqslant m \leqslant 10\text{ g}$ 时,天平精度不低于 0.01 g。

当样品质量 $10\text{ g} \leqslant m \leqslant 100\text{ g}$ 时,天平精度不低于 0.1 g。

当样品质量 $100\text{ g} \leqslant m \leqslant 1\,000\text{ g}$ 时,天平精度不低于 1 g。

当样品质量 $m \geqslant 1\,000$ g 时,天平精度不低于 10 g。

三、电子天平的维护保养

电子天平必须置于稳定的平台上,小心使用,避免振动、光照,以防影响计量的准确性。

称量时注意不要超过电子天平的称量范围,以免损坏电子天平及其称重精度。

秤盘和外壳需经常用软布轻轻擦洗,不能用强介质或溶剂擦洗。使用结束后采用防尘措施,以延长电子天平的使用寿命。

温度瞬间变换超过 5℃,则最少需要 30 min 后再开始使用。

 技能要求

电子天平的使用

电子天平是用来精确测量宝石或被测物品质量的计量工具。

操作准备

电子天平在使用前需要进行校准,步骤如下:

(1) 检查天平是否水平,如不水平,可调节天平的底脚螺栓使天平水准器中的气泡处于中心位置,天平即处于水平。

(2) 打开天平两边的侧面 5~10 cm,使天平内外温度平衡,避免因天平罩内外温度、湿度差异引起示值变动,关好侧门。

(3) 按"CAL"(校准键)。

(4) 显示屏闪现"CALIB"。

(5) 将 20 g 测试砝码置于秤盘上,电子天平会自动校准。

(6) 以下显示将会出现:CALIB—END—20.0 000 g(所使用的质量及其单位)。

(7) 校准结束后,取下测试砝码,即可开始一般性称量。

(8) 每次开机后均需按以上程序进行校准。

操作步骤

步骤1 检查电子天平是否保持水平状态并做调整。

步骤2 将电子天平清"0",并待数字稳定后读数。

步骤3 按"on/off"(开关键),接通电子天平电源,显示屏闪动。

步骤4 当"CALIB"闪动出现时,把校准砝码摆在秤盘上,以校准电子天平(每次务必先校准后使用)。

步骤5 将待称量物品轻置在秤盘上称量,外盖盖上后读数。

步骤6 若要去除器皿的质量,则按"TARK"(归零键),显示屏幕上出现"0.00",再把待称物品放在器皿上,此时则显示待称物品的净重。

步骤7 若要转换计量单位,则按"MODE"(转换键)。

步骤8 在不使用时,关上外盖直至锁上为止。

注意事项

(1) 天平室要防震、防尘,保持温度、湿度恒定。

(2) 天平室内除放置与天平使用有关的物品外,不得放置其他物品。

(3) 天平室不要经常敞开门窗,以免灰尘侵入。天平室台面和地面要用拧干的布擦拭,防止湿度太大。

(4) 保持天平的清洁,天平罩内的底板应经常用毛刷清扫和专用绸布擦拭。

(5) 天平框内应放置硅胶干燥剂,硅胶蓝色消失后应及时烘干。

(6) 不进行称量时,天平要处于关闭状态。

(7) 非检修人员,不得任意搬动天平。

(8) 严格执行天平周期检测制度。

第3节 宝石鉴定证书

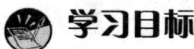 认证标准

学习目标

➢ 熟悉宝石鉴定证书认证标准的标识。
➢ 掌握宝石鉴定证书认证标准标识的基本内容。

知识要求

宝石鉴定证书尚无统一格式,一般分为宝石鉴定证书和钻石鉴定分级证书。出具宝石鉴定证书的机构应具有一定的资质认定,目前要求至少通过国家或省市级的计量认证,即获得 CMA 认证。另外,鉴定证书上还可以有 CNAS 或/和 ILAC—MRA 或 CAL 标志。

一、CMA

CMA 是 China Metrology Accreditation(中国计量认证/认可)的缩写。

CMA 是检测机构计量认证合格的标志,也是鉴定证书必须具有的标志。具有此标志的机构为合法的检验机构。根据《中华人民共和国产品质量法》的有关规定,在中国境内从事面向社会检测、检验产品的机构,必须由国家或省、市级计量认证管理部门会同评审机构评审合格,依法设置或依法授权后,才能从事检测、检验活动。

计量认证考核的内容主要是人员的资格(水平)、检验设备仪器的准确、精密程度,是否有必要的工作场地和条件,是否有健全的工作、管理规程、规章制度,是否有正确的工作依据和检验方法等。

二、CNAS

CNAS 是 China National Accreditation Service for Conformity Assessment(中国合格

评定国家认可委员会）的缩写。CNAS 是根据《中华人民共和国认证认可条例》的规定，由国家认证认可监督管理委员会批准设立并授权的国家认可评定机构，统一负责对认证机构、实验室和检查机构等相关机构的认可工作。

三、CAL

CAL 是 China Accredited Laboratory（中国授权检验实验室）的缩写，一般只有国家或省、市政府机构下设的技术监督局才能获得授权。

CAL 是经国家质量审查后认可的检测、检验机构的标志，具有此标志的机构有资格对市场进行抽查并做出仲裁检验。这是一种质量监督检验机构和仲裁，从法律意义上讲不能直接从事检测工作。

四、ILAC—MRA

ILAC—MRA 是 The International Laboratory Accreditation Cooperation—Mutual Recognition Arrangement（国际实验室认可合作组织—相互承认认可）的缩写。

ILAC 是一个通过建立协调一致的实验室和检查机构认可的程序和指导文件的活动，主旨是消除技术性贸易壁垒的国际组织。截止到 2008 年 12 月 12 日，国际上 48 个经济体的 62 个实验室认可机构签署了 ILAC 相互承认协议。有此标志的鉴定证书在国际上可以互相认可，此鉴定结果能得到美国、日本、法国、德国、英国等国家的承认。

学习单元 2　鉴定证书

学习目标

➢ 熟悉鉴定证书的格式。
➢ 掌握鉴定证书内容的含义。

知识要求

一、宝石鉴定证书

宝石鉴定证书（见图 5—5）适用于各种宝石的裸石以及镶嵌饰品，其主要内容如下：

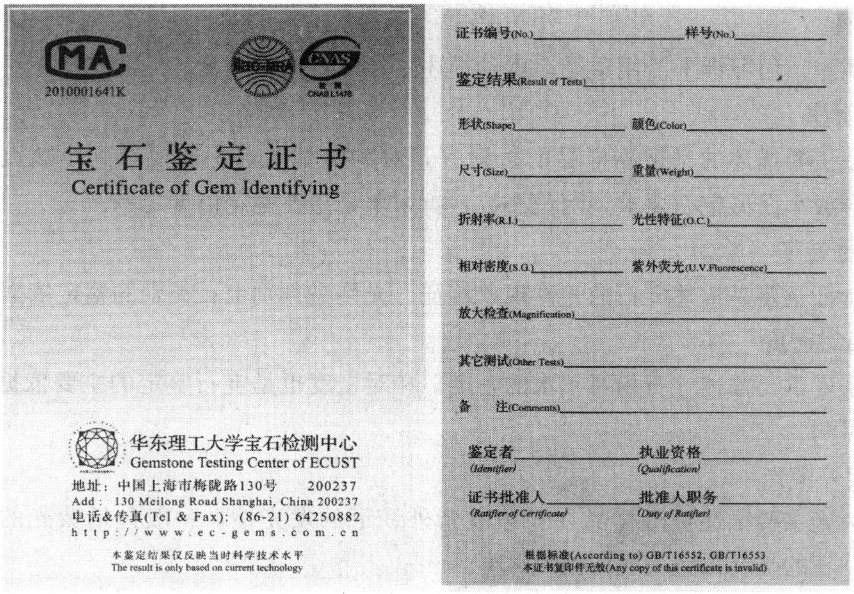
CMA
2010001641K
CNAS
CNAS L1478
宝石鉴定证书
Certificate of Gem Identifying
华东理工大学宝石检测中心
Gemstone Testing Center of ECUST
地址：中国上海市梅陇路130号 200237
Add： 130 Meilong Road Shanghai, China 200237
电话&传真(Tel & Fax)：(86-21) 64250882
http://www.ec-gems.com.cn
本鉴定结果仅反映当时科学技术水平
The result is only based on current technology

证书编号(No.)________ 样号(No.)________
鉴定结果(Result of Tests)________
形状(Shape)________ 颜色(Color)________
尺寸(Size)________ 重量(Weight)________
折射率(R.I.)________ 光性特征(O.C.)________
相对密度(S.G.)________ 紫外荧光(U.V.Fluorescence)________
放大检查(Magnification)________
其它测试(Other Tests)________
备　注(Comments)________
鉴定者(Identifier)________ 执业资格(Qualification)________
证书批准人(Ratifier of Certificate)________ 批准人职务(Duty of Ratifier)________
根据标准(According to) GB/T16552, GB/T16553
本证书复印件无效(Any copy of this certificate is invalid)

图 5—5　宝石鉴定证书

1. 证书编号

证书编号是唯一的。每个样品的证书都具有唯一的编号，但不同的检测实验室都有各自的编码规则。

2. 样号

样号一般是商家根据不同目的对所检测的样品进行编号，如日期、款号、商品种类或价格等，但也有些检测样品没有样号。

3. 鉴定结果

鉴定结果主要针对被测样品的最终鉴定结果，根据所测试的数据对待测样品进行宝石种类和属性的确定，如红宝石戒指、祖母绿、翡翠（处理）等。

4. 形状

形状描述主要针对被测样品的外形或琢型，如圆形刻面、雕件。

5. 颜色

颜色描述主要针对未镶嵌的宝石的本身颜色及已镶嵌的珠宝首饰中的主石颜色。

6. 尺寸

尺寸描述主要针对未镶嵌的宝石的尺寸大小及已镶嵌的珠宝首饰中宝石或镶石的尺寸大小。

7. 重量

应为质量,但习惯上沿用重量。重量描述主要针对的是被测样品的质量。

8. 折射率

折射率主要描述的是被测样品的折射率,对刻面型宝石一般要求到小数点后三位小数,弧面形或小面型宝石要求到两位小数。折射率是主要鉴定依据之一。

9. 光性特征

光性特征主要是描述宝石的光性现象特征,光性是判别宝石类别的鉴定依据。

10. 相对密度

相对密度主要描述宝石相对于水的密度。相对密度也是宝石鉴定的主要依据之一,镶嵌类为不可测。

11. 紫外荧光

紫外荧光主要描述被测样品在长短波紫外线下的发光性,一般包括荧光的强度和颜色,如"钻石的强蓝白色荧光或惰性"。

12. 放大检查

放大检查描述主要针对的是被测样品的外部特征及内部特征,如"有棉絮状包裹体,有明显裂隙等"。

13. 其他测试

其他测试主要指上述没有进行的测试项目,如多色性、吸收光谱等,也包括一些大型仪器测试项目。

14. 备注

一般会对镶嵌宝石的托架印记标注的纯度和宝石克拉质量进行描述,也根据客户需要标注镶嵌方式、配石情况等。

15. 签名栏

鉴定证书上应该至少有两个人的签名,包括鉴定者(具有的资质)和证书批准人(具有的职务)。

鉴定证书上应提供检测活动的标准,目前主要依据珠宝玉石名称和鉴定的国家标准。

二、钻石鉴定分级证书

钻石鉴定分级证书一般分为两种,一种适用于裸钻(见图5—6),另一种适用于钻石镶嵌首饰(见图5—7),其主要内容分别说明如下:

1. 适用于裸钻的钻石鉴定分级证书

(1)证书编号:唯一的,每个样品的证书都具有唯一的编号。

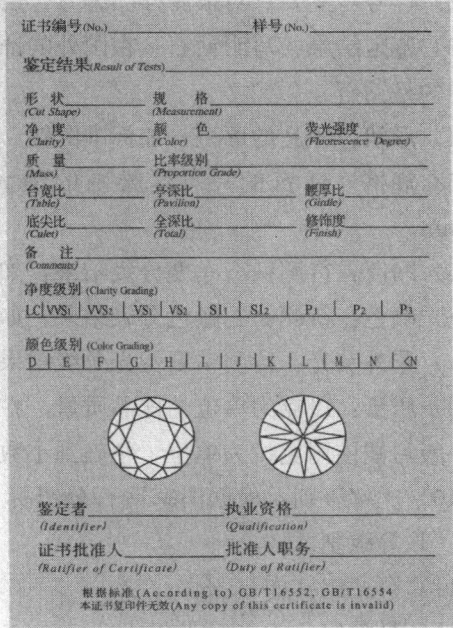

图 5—6　钻石鉴定证书（适用于裸钻）

图 5—7　钻石鉴定证书（适用于钻石镶嵌首饰）

(2) 样号：主要针对被测样品编号，由商家提供，可以有也可以没有。

(3) 鉴定结果：写明钻石。在国外的证书上一般没有这一项，但国内消费者需要确认所检测的是钻石。

(4) 形状：样品的琢型，如标准圆钻、各种异型钻或花式琢型。

(5) 规格：钻石的尺寸，腰围的最大、最小和全高。如 6.49 mm×6.45 mm×3.90 mm。

(6) 净度：待测钻石净度分级结果，如 SI_1。

(7) 颜色：待测钻石颜色分级结果，如 E。

(8) 紫外荧光：待测钻石荧光分级结果，如有弱荧光。

(9) 质量：以克为单位的样品质量，在质量数值后括号内注明相应的克质量，但钻石行业一般习惯使用克拉为单位，精确到小数点后两位。

(10) 比率级别：根据国家钻石分级标准查表确定钻石的比率级别，分为 EX、VG、G、M、F 等级别。

(11) 台宽比：如 60%。

(12) 亭深比：如 43.0%。

(13) 腰厚比：如 2.5%～4.5%。

(14) 底尖比：如＜1.0。

(15) 全深比：如 61.1%。

(16) 修饰度：包括对称性和抛光级别，采用两者中较低的级别作为修饰度级别，如对称性为 VG、抛光为 G，则修饰度为 G。

(17) 备注：其他需要说明的地方。

2. 适用于钻石镶嵌首饰的钻石鉴定分级证书

(1) 证书编号：每个样品的证书都具有唯一的编号。

(2) 样号：主要针对被测样品编号，由商家提供，可以有，也可以没有。

(3) 鉴定结果：对镶嵌钻石饰品的定名，如钻石戒指或钻石挂件等。

(4) 形状：镶嵌钻石的琢型，如标准圆钻、各种异型钻或花式琢型。

(5) 尺寸：条件许可的情况下测量钻石的腰围直径。

(6) 净度：在 10 倍放大镜下，镶嵌钻石净度分级，一般只分至大级别，如 VS、SI 等。

(7) 颜色：镶嵌钻石颜色分级，应考虑金属托对钻石颜色的影响，注意加以修正，如 F—G 或 H 等。

(8) 质量：首饰上标注钻石质量并在后面注明"印"。

（9）紫外荧光：首饰镶石上的荧光结果。如有弱荧光。

（10）切工：对满足切工测量的镶嵌钻石，采用10倍放大镜目测法，测量台宽比、亭深比等比率要素，对影响修饰度（包括对称性和抛光）的要素进行描述。

（11）备注：其他需要说明的地方。

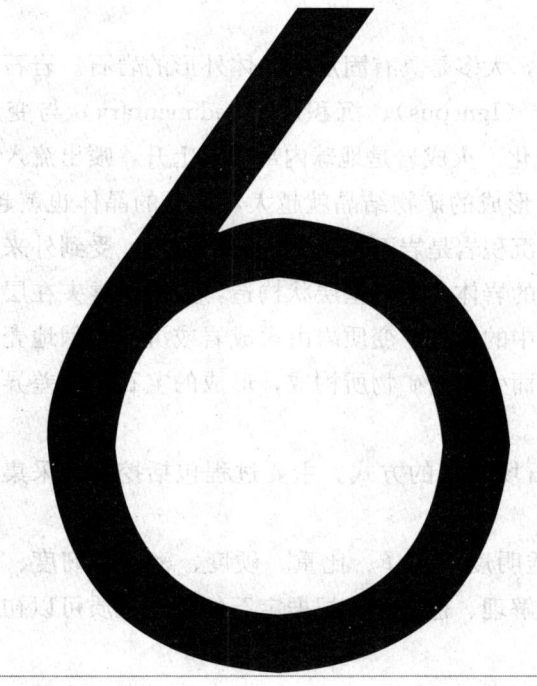

第 6 章

宝石基本知识

第 1 节　宝石概述　　　　　/92
第 2 节　宝石基本性质　　　/100

宝石因地质变化而形成，多数宝石是地壳岩层中自然形成的矿物或岩石，通常一般需历经千万年以上。由于地质条件不同，产地分布区域也不同，主要取决于宝石形成的矿物或岩石属性。

矿物具有固定的化学成分及结晶形态，大多是具有固定的晶体外形的岩石。岩石是由多种矿物组合而成的聚合体，以火成岩（Igneous）、沉积岩（Sedimentary）与变质岩（Metamorphic）三种形式存在，并循环变化。火成岩是地球内部岩浆上升，喷出流入地底岩层凝固而成的，凝固时冷却速度越慢，形成的矿物结晶就越大，宝石的晶体也就越大，形成钻石的金伯利岩就是一种火成岩体。沉积岩是岩石经风化侵蚀作用后，受到外来应力搬运或沉积下来后，再经岩化作用所形成的岩体，一般呈层状构造，宝石通常夹在层与层的缝隙中，欧泊就是经常产于沉积岩层当中的宝石。变质岩由火成岩或沉积岩因地壳内温度或压力变化，或经过熔化产生化学作用而生成新矿物所构成，形成的宝石矿物差异性很大，翡翠就是变质岩宝石。

宝石的开采主要是利用开矿或者采石场采集的方式。主要过程包括挖掘、采集、清洗、分筛、打磨、切割等多道工序。

宝石的物理性质主要包括：颜色、透明度、光泽、比重、硬度、密度、韧度、折射率、导热性、多色性以及特殊光学效应和解理、色散等。根据宝石的物理性质可以初步鉴定、识别宝石。

随着人们对宝石使用越来越广泛，对宝石的认识也逐渐形成了一门科学，当代宝石学起源于18世纪。

第1节 宝石概述

学习单元1 宝石的概念

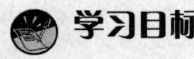

学习目标

➢ 熟悉宝石的广义概念。

➢掌握宝石的狭义概念。

 知识要求

一、广义宝石概念

在自然界中，凡具有色泽鲜艳、晶莹、璀璨；质地纯净、坚硬耐久；工艺性能优异；产出稀少的特性，且可以经琢磨加工而成首饰、工艺品的材料，都可被称之为宝石。这些材料包括：天然矿物晶体（单晶体和晶体集合体），非晶质体岩石，以及天然有机材料及人造材料。一般而言，往往将未经加工的原石与成品一起统称为宝石，或对天然珠宝玉石和人工珠宝玉石，统称为宝石。

二、狭义宝石概念

宝石狭义的概念，一般是专指天然宝石，即摩氏硬度大于6，透明度好，颜色鲜艳的宝石。如钻石，红、蓝宝石，祖母绿，碧玺，托帕石，石榴石等。

学习单元2　宝石的分类

 学习目标

➢熟悉宝石分类的要素。
➢掌握宝石的分类。

 知识要求

一、宝石分类的要素

全世界迄今为止共发现矿物4 000多种，其中近600种可称为宝石，常见的宝石约30种。对宝石分类考虑的因素包括：宝石的成因类型、国际珠宝界的习惯和传统文化、中国传统的玉石文化等。

二、宝石分类的原则

由于每种宝石都有其特定的生成条件、化学成分和内部结构,因此至今国际上还没有一个统一的分类方案。如何科学、合理地对宝石进行分类,是国际珠宝界共同关心的话题,目前世界各国对按宝石成因类型分类比较认同。中国宝石分类标准(GB/T 16552—2010)也是按照宝石成因来划分的。

三、常见宝石分类

基于宝石的成因,将常见宝石做如下分类,如图6—1所示。

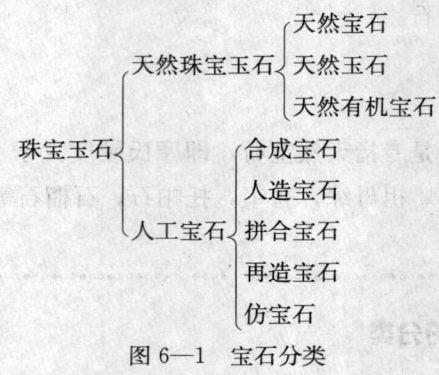

图6—1 宝石分类

1. 天然宝石 (natural gemstones)

天然宝石由自然界产出,具有美观、耐久、稀少性,可加工成饰品的矿物的单晶体(可含双晶)。

2. 天然玉石 (natural gemstones)

天然玉石是指由自然界产出的,具有宝石特性的矿物集合体,即大量颗粒细小的同种矿物晶体集合体,或少数为非晶质体,即由少量的其他的矿物晶体夹杂在其中的非晶质体。一般摩氏硬度大于4,质地细腻滋润,颜色美丽。如翡翠、白玉、天然玻璃。

3. 天然有机宝石 (natural organic substances)

天然有机宝石是指由自然界生物生成,部分或全部有机物组成,可用于首饰及饰品的材料。有些来自于动物或动物分泌物或化石,有些来自于植物化石。如象牙、珊瑚、琥珀、珍珠、玳瑁、煤玉。

4. 合成宝石 (synthetic stones)

合成宝石是完全或部分由人工制造且自然界有已知对应物的晶质体、非晶质体或集合体,其物理性质、化学成分和晶体结构与对应的天然珠宝玉石基本相同。如合成钻石、合成红宝石、合成蓝宝石、合成水晶。

5. 人造宝石（artificial stones）

人造宝石是由人工制造且自然界无已知对应物的晶质体、非晶质体或集合体。如塑料、人造玻璃、人造钇铝榴石。

6. 拼合宝石（composite stones）

拼合宝石是由两块或两块以上材料经人工拼合而成，且给人以整体印象的珠宝玉石。如"拼合欧泊"等。

7. 再造宝石（recontructed stones）

再造宝石是通过人工手段将天然珠宝玉石的碎块或碎屑熔接或压结成具整体外观的珠宝玉石，如再造绿松石、再造琥珀等。

8. 仿宝石（imitation stones）

仿宝石是用于模仿某一种天然珠宝玉石的颜色、特殊光学效应等外观特征的珠宝玉石或其他材料。仿宝石不代表珠宝玉石的具体类别。

四、宝石的商业价值分类

基于宝石的商业价值，又可将宝石做以下分类：

1. 高档宝石

高档宝石指那些光泽、颜色、透明度、硬度等物理性质都十分优秀的稀有宝石。目前国际宝石界公认的高档宝石有：钻石、红宝石、蓝宝石、祖母绿和金绿宝石等。

2. 中低档宝石

中低档宝石又称半宝石。指除高档宝石以外的宝石。这些宝石同样具有美观、耐久、稀少等特性，但其品质或稀有性较高档宝石稍逊，价值相对较低。主要的中低档宝石有海蓝宝石、碧玺、托帕石、石榴子石和水晶等。

3. 高档玉石

目前国际上公认的高档玉石仅有高档翡翠和羊脂白玉两种。高档翡翠因其碧绿、通透的外观被加工成戒面、吊坠、挂件等首饰，价值连城。白玉因其洁白、温润的特点自古以来深受中华民族的喜爱，其中的质量上乘者被称做羊脂白玉，其价值也很可观。

4. 中低档玉石

蛇纹石玉、玛瑙、玉髓、绿松石、青金岩等玉石类品种都属于中低档玉石。其中少量优质品也可加工成高档的首饰，而绝大部分则价值较低。

学习单元 3　宝石的命名

学习目标

➢ 掌握不同类型宝石的命名。

知识要求

人类使用宝石的历史已有几千年，从而形成了许多对宝石的不同命名方法。宝石的名称一般有两种，一种是商业名称，另一种是矿物名称。人们熟知的宝石名称大多是商业名称，多数商业名称的命名种类繁多，有的以颜色命名，如红宝石、蓝宝石、祖母绿；有的以著名产地命名，如岫玉、独山玉、南阳玉；有的以特殊的外观命名，如猫眼石、星光红、蓝宝石；还有一些是不太规范的命名方法，带有诱导性，如将立方氧化锆（一种人造宝石，专门用于模仿钻石）叫做俄罗斯钻，将染色的石英岩叫做马来西亚玉，将一些低档的、成分不纯的翡翠叫做翠玉；也有的以岩石或矿物的名称直接命名；如石榴子石、尖晶石、电气石。众多的命名方法造成了宝石名称的不准确性和误导性。中国国家标准对宝石的命名有着明确的规定，在销售珠宝首饰时销售者必须依照国家标准为宝石正确定名，若定名错误可视为欺诈行为。因此，经营珠宝的商家必须很好地掌握宝石的命名原则，以免造成不必要的麻烦。

一、天然宝石的命名

天然宝石的命名原则：天然宝石在命名时只需以国家标准规定的标准名称命名，无须注明"天然"二字。如天然的钻石应该命名为"钻石"；天然翡翠的正确名称为"翡翠"，而不能画蛇添足地写成"A货翡翠"。

产地不参与定名，如"南非钻石""缅甸蓝宝石"。

禁止使用由两种或两种以上天然宝石组合名称定名某一种宝石，如："红宝石尖晶石""变石蓝宝石"。"变石猫眼"除外。

禁止使用含混不清的商业名称，如"蓝晶""绿宝石""半宝石"。

二、天然玉石的命名

直接使用天然玉石基本名称或其矿物（岩石）名称，在天然矿物或岩石名称后可附加"玉"字，无须加"天然"二字。"天然玻璃"除外。

不用雕琢形状定名天然玉石。

不能单独使用"玉"或"玉石"直接代替具体的天然玉石名称。

在 GB/T 16552—2010《珠宝玉石》中列出的带有地名的天然玉石基本名称，不具有产地含义，如和田玉、岫玉、东陵石、独山玉、寿山石等。

三、天然有机宝石

直接使用天然有机宝石基本名称，无须加"天然"二字，"天然珍珠""天然海水珍珠""天然淡水珍珠"除外。

"养殖珍珠"可简称为"珍珠"，"海水养殖珍珠"可简称为"海水珍珠"，"淡水养殖珍珠"可简称为"淡水珍珠"。

产地不参与天然有机宝石定名，如："波罗的海琥珀"。

四、合成宝石的命名

合成宝石的命名原则：合成宝石在命名时应在宝石名称前加"合成"二字。如人工合成的红宝石的正确名称是"合成红宝石"；人工合成的立方氧化锆石的正确名称是"合成立方氧化锆"，其英文名字"CZ"只能用于口语。

禁止使用生产厂、制造商的名称直接定名，如："查塔姆（Chatham）祖母绿""林德（Linde）祖母绿"。

禁止使用易混淆或含混不清的名称定名，如："鲁宾石""红刚玉""合成品"。

五、人造宝石的命名

人造宝石的命名原则：人造宝石应在其名字前加上"人造"二字。如："人造钇铝榴石"。

禁止使用生产厂、制造商的名称直接定名。

禁止使用易混淆或含混不清的名称定名，如"奥地利钻石"。

禁止用生产方法直接定名。

六、优化宝石、处理宝石的命名

优化宝石的命名原则：优化宝石在命名时无须说明，即无需在宝石名称前后加任何说明性的文字，但可在相关质量文件中附注说明具体优化方法。如热处理的红、蓝宝石，正确名字是"红宝石"和"蓝宝石"。

处理宝石的命名原则：处理宝石在命名时是比较烦琐的。首先在命名前要确定该宝石所使用的处理方法，然后再把处理方法的名称加注在宝石名前。如扩散处理的红、蓝宝石应该叫做"扩散红宝石"和"扩散蓝宝石"；漂白后充填处理的翡翠，即通常所说的"B货翡翠"，正确的名称应为"漂白充填处理翡翠"，若简称"优化处理翡翠"也可。此处的"优化"只是指对其品质进行改良，而非"优化宝石"的概念。处理宝石具体命名方法如下：

1. 在珠宝玉石基本名称处注明

名称前加具体处理方法，如：扩散蓝宝石，漂白、充填翡翠；

名称后加括号注明处理方法，如：蓝宝石（扩散）、翡翠（漂白、充填）；

名称后加括号注明"处理"二字，如：蓝宝石（处理）、翡翠（处理）；应尽量在相关质量文件中附注说明具体处理方法，如扩散处理，漂白、充填处理。

2. 不能确定是否经过处理的珠宝玉石，在名称中可不予表示

但应在相关质量文件中附注说明"可能经××处理"或"未能确定是否经××处理"。

3. 经多种方法处理的珠宝玉石按 a 或 b 进行定名

也可在相关质量文件中附注说明"××经人工处理"，如钻石（处理），附注说明"钻石颜色经人工处理"。

4. 经处理的人工宝石定名

可直接使用人工宝石基本名称定名。

七、具有特殊光学效应宝石的命名

具有特殊光学效应的宝石的命名原则：特殊光学效应有许多种，而在定名时需要注明的主要是"猫眼"和"星光"两种。具有猫眼效应的宝石在定名时要在宝石名后加注"猫眼"二字。如石英质地的猫眼宝石应叫做"石英猫眼"；而具有猫眼效应的海蓝宝石应叫做"海蓝宝石猫眼"。但有一种情况是例外的，金绿宝石族中的猫眼石属于猫眼宝石中的极品，自古以来人们一直直呼其"猫眼"，定名时无须说明品种。具有星光效应的宝石在定名时要在宝石名前加注"星光"二字。如带星光的红宝石的正确名称是"星光红宝石"。具有"变色"效应的宝石，在宝石的基本命名前加"变色"二字。同样，金绿宝石族中的变石属于变色宝石中效果最好的,只有金绿宝石变石在命名时直接称为"变石"。具有变色效应的合成宝石,在所对应天然珠宝宝石基本名称前加"合成变色"四字。"变石""变石猫眼""合成变石"除外。

除星光效应、猫眼效应和变色效应外,其他特殊光学效应不参与定名,可在相关质量文件中附注说明。

注:砂金效应、晕彩效应、变彩效应等均属于其他特殊光学效应。

八、拼合宝石的命名

拼合宝石的命名原则:通常拼合宝石都是由一种主要宝石与另一种次要材料拼合而成,在命名时既要说明宝石材料,又要注明拼合的情况。一般将"拼合"二字加注在主要宝石名之后。如欧泊薄片与透明石英拼合的二层石,应该定名为"欧泊二层拼合石";若是三层材料拼合,则要叫做"欧泊三层拼合石"。

可逐层写出组成材料名称,如:"蓝宝石、合成蓝宝石拼合石"。

可只写出主要材料名称,如:"蓝宝石拼合石"或"拼合蓝宝石"。

九、珠宝玉石饰品的命名

珠宝玉石饰品按珠宝玉石名称+饰品名称定名。珠宝玉石名称按本标准中各类相对应的定名规则进行定名;饰品名称依据 QB/T 1689 的规定进行定名。

1. 非镶嵌珠宝玉石饰品

可直接以珠宝玉石名称定名,或按照珠宝玉石名称+饰品名称定名,如:"翡翠"或"翡翠手镯"。

2. 由多种珠宝玉石组成的饰品

可以逐一命名各种材料,如:"碧玺、石榴石、水晶手链"。

以其主要的珠宝玉石名称来定名,在其后加"等"字,但应在相关质量文件中附注说明其他珠宝玉石名称。

3. 贵金属镶嵌的珠宝玉石饰品

可按照贵金属名称+珠宝玉石名称+饰品名称进行定名。其中贵金属名称依据 GB 11887 的规定进行材料名称和纯度的定名。

4. 贵金属覆盖层材料镶嵌的珠宝玉石饰品

可按照贵金属覆盖层材料名称+珠宝玉石名称+饰品名称进行定名。其中贵金属覆盖层材料名称按照 QB/T 2997 的规定进行命名。

5. 其他金属材料镶嵌的珠宝玉石饰品

可按照金属材料名称＋珠宝玉石名称＋饰品名称进行定名。

第2节 宝石基本性质

学习单元1 宝石的物理性质

学习目标

➢熟悉宝石的基本物理性质。
➢掌握宝石的肉眼观察特征。

知识要求

一、宝石的颜色

颜色是一种具有一定波长的人眼可以感觉到的电磁波,其波长范围大约在400～700 nm的电磁波谱,也称为可见光谱。在可见光谱中,不同波长的光呈现不同的颜色,各单种颜色的光波波长为:红色光波波长为630～700 nm;橙色光波波长为590～630 nm;黄色光波波长为550～590 nm;绿色光波波长为510～550 nm;青色光波波长为480～510 nm;蓝色光波波长为450～480 nm;紫色光波波长为400～450 nm。这些颜色组成的混合色是白光,如太阳光、白炽灯光等。

宝石的颜色同其他物体一样,是当光线照射到宝石后,宝石对不同波长可见光的吸收、透过和反射等综合作用而产生不同的视觉结果。如红宝石的红色是白光透过红宝石时,绝大多数可见光波被吸收,只透过红光和部分黄光,其残余色是红色色调。当一颗宝石将白光全部吸收,则该宝石反映出黑色,如墨晶、黑玛瑙等。当白光全部透过宝石(无吸收),则该宝石为无色,如无色水晶、无色钻石等。可见,不同的宝石在同一白光作用下可呈现不同的颜色。这种影响光的运动状态使之产生不同颜色的效应,是宝石的特征化学成分和结构构造对光不同程度的吸收作用所致，一般来说其重要原因之一是宝石中含有少量金属离子所造成。

判断宝石的颜色，最好在白色背景下用反射光观察表面，应选具有连续光谱的光源，如日光或与之等效的光。

色彩学中用色调、明度、饱和度三要素来描述颜色。

色调，也称色相，指红、橙、黄、绿、青、蓝、紫的色彩相互区分的特征。色调取决于宝石对可见光的选择性吸收。

明度，也称亮度或色调，是人眼对宝石明暗程度的感觉，取决于宝石反射、透明度的程度。

饱和度，也称彩度，指彩色的浓度或鲜艳程度。

宝石颜色的成因：

在传统宝石学中主要按照宝石化学成分和外部构造特点，将宝石颜色成因分为自色、他色、假色三类。

自色，指由组成宝石的化学成分中主要元素致色的颜色，如：绿松石、孔雀石、橄榄石、铁铝榴石等。

他色，指由组成宝石的化学成分中的微量元素致色的颜色。如刚玉石的化学成分为Al_2O_3，当其为纯净的Al_2O_3时为无色；当含有微量的铬元素时，呈红色，即为红宝石；蓝宝石的蓝色则是刚玉中含有微量的铁和钛元素所致。

假色，假色与宝石的化学成分和晶体结构没有关系，而与光的物理作用有关，如欧泊的变彩、拉长石的晕彩等。

二、宝石的透明度

透明度指宝石透射光线的能力。通常分为：透明、亚透明、半透明、亚半透明、不透明。透明：易透光线，清晰见底，透过宝石看景物能清楚看到景物的轮廓和细节；亚透明：较不易透过光线，能透过宝石看景物，但有些模糊；半透明：透光困难，无法透视；亚半透明：在宝石边缘能透过少量光线；不透明：不透光。

在宝石透明度的观察中，宝石透明度受宝石厚度、自身颜色、颗粒结合方式、杂质、裂隙等因素的影响。

三、宝石的光泽

光泽指宝石反射光的能力，是一种表面光辉。宝石光泽的强弱与宝石表面的平整光滑程度、抛光质量、矿物颗粒结合方式、折射率、反射率和吸收比等有关。光泽也是宝石的重要性质之一。

光泽从强到弱有：金属光泽、金刚光泽、玻璃光泽、油脂光泽、蜡状光泽；此外，还有特殊光泽，如珍珠光泽、丝绢光泽、土状光泽和介于金刚光泽和玻璃光泽之间的亚金刚光泽，风化程度较高的绿松石就表现出一种暗淡如土状的光泽。

观察光泽需使用反射光照明，观察宝石的抛光面、粗糙面及断口的表面光泽特征。

四、宝石的净度

宝石的净度是指宝石内部含有的杂质或瑕疵，在一些不透明的宝石中也常指裂隙。

透明度容易与净度混淆。有时一颗宝石内部几乎没有什么杂质，但就是不太透明，看上去雾蒙蒙的，这样宝石的亮度会受到较大影响，而颜色则影响不大。透明度好的宝石其内部杂质容易看到，会影响对其净度评价的准确性，因此在评价宝石的净度和透明度时应综合评价。

五、宝石的硬度

宝石抵抗压入、刻划或研磨的性能称为宝石的硬度。宝石的硬度与其化学成分组成、化学键以及晶体结构有关。

硬度是宝石必须具备的三大要素之一，也是宝石琢磨加工中必须注意的问题。宝石硬度的测试方法一般有两种：相对硬度（常用摩氏硬度）和绝对硬度（也称压入硬度）。宝石的绝对硬度是通过各种显微硬度仪在标准的条件下测出矿物晶体的显微硬度。由于设备和测试比较复杂，多用于科学研究，而在宝石学中很少用到。

摩氏硬度是1822年由德国矿物学家摩斯（Friedrich Mohs）提出来的（见表6—1）。他收集了10种能获得高纯度的常见矿物，并按彼此之间抵抗刻划能力的大小顺序排列，将硬度分为10级，构成了摩氏硬度等级。

表6—1　摩氏硬度等级

矿物	滑石	石膏	方解石	萤石	磷灰石	正长石	石英	黄玉	刚玉	钻石
硬度	1	2	3	4	5	6	7	8	9	10

六、宝石的韧度

宝石在外力作用下不易破碎的性质称为韧性，也称为韧度。韧性与矿物质的结构构造有关，如微晶结合体的黑钻石（黑金刚石）晶体的韧性远较无色单晶金刚石晶体的韧性大得多。钻石是宝石中硬度最大的物质，它特别坚硬，但不坚韧，易破碎，因此，佩戴或加工中要注意尽量避免撞击。又如，软玉的硬度较金刚石低，但它的韧性较大，脆性较小，在极大的静压力下很难破碎；锆石的硬度也较高，却常因与较硬的包装纸碰撞而受损，这种现象常称为"纸蚀"。

硬度与韧性是两个完全不同的概念。硬度是指能否被划伤和磨损程度而言，而韧性则是指抗裂的坚韧程度。

七、宝石的相对密度

宝石的相对密度被定义为宝石在空气中的质量与等体积的水在4℃及标准大气压条件下的质量之间的比值。可用下式表示：

$$相对密度（S.G.）=\frac{宝石在空气中的质量（W_1）}{等体积水的质量（W_2）}$$

宝石在空气中的质量可直接称得，根据阿基米德定律，等体积的水的质量等于宝石在空气中的质量（W_1）减去宝石在水中的质量（W_3），即 $W_2=W_1-W_3$。

相对密度的计算公式变为：

$$（S.G.）=\frac{W_1}{W_1-W_3}$$

相对密度是没有单位的。在4℃及一个标准大气压条件下水的密度是 $1.00\ g/cm^3$，此时水的相对密度与密度数值相同。在其他温度下，二者差别很小。因此，任何其他物质的密度值可以采用上述相对密度公式求得，只要在相对密度值后加上单位 g/cm^3 就可得到该物质的密度值。

密度或相对密度是宝石重要的物理参数之一。

八、均质体和非均质体

根据光学性质的不同，又可把宝石矿物分为均质体和非均质体两类。在各个方向上，其光学性质相同的宝石矿物称为均质体，如钻石、石榴石等；而光学性质随方向不同而变化的宝石矿物称为非均质体，如红宝石、橄榄石等。

九、宝石的折射率和双折射率

所谓折射就是光经过不同物体时传播方向发生变化的现象，由荷兰人斯涅耳发现，当然前提条件是这几种物质都是透明的。宝石的折射率是光经过宝石时的入射角的正弦与折射角的正弦之比。也等于光在空气中的速度除以光在宝石中的速度。均质体的折射率只有一个值；非均质体有两个或三个折射率值；非均质集合体，只能测到一个平均值；非均质宝石的最大折射率与最小折射率的差值为双折射率;弧面形非均质宝石不能测定双折射率;非均质集合体无法测定。折射率求解示意图,如图6—2所示。

十、宝石的多色性

非均质体有色宝石的光学性质因方向而异,对光波的选择吸收及吸收总强度也随方向而异。这种由于光波在宝石晶体中的振动方向不同,而使宝石颜色发生改变的现象称为多色性。

有颜色的透明的非均质体宝石可具有二色性或三色性,按相对强度分为强、中、弱。

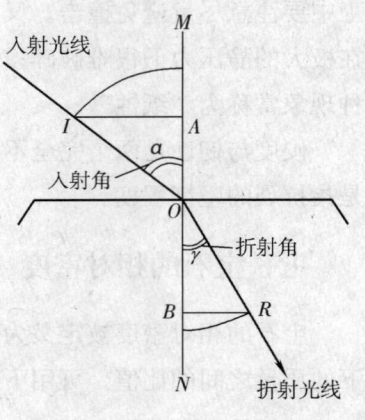

图6—2 折射率求解示意图

对有色宝石来说,多色性是一个重要的光学性质,不同种宝石的多色性一般不一样,包括多色性的颜色和强弱。多色性的明显程度与宝石性质有关,与所观察宝石的切面方向也有密切关系。一般在平行光轴或平行光轴面的平面内,多色性表现最明显,垂直光轴的平面则不显多色性。

十一、宝石的导热性

导热性是指物体对于热的传导能力,以热导率K表示。不同宝石的导热性能差异很大,因此,导热性是鉴定宝石的重要性质之一。宝石学中一般以相对热导率表示宝石的相对导热性能,相对热导率的确定通常以银或尖晶石的热导率为基数。热导率的单位为W/(cm·K)(见表6—2)。

表6—2 宝石相对热导率

宝石种类	钻石	金	银	刚玉	尖晶石	赤铁矿
相对导热率	56.9～170.8	31	44	2.96	1	0.96
宝石种类	玻璃	金红石	石英	翡翠	电气石	锆石
相对导热率	0.08	0.063	0.5～0.94	0.4～0.56	0.45	0.39

由此可见,晶体的导热性较非晶体好,如人们经常利用手感冷暖来区分水晶和玻璃。由于钻石的热导率比其他宝石高出数十倍乃至数百倍,根据这一性质,人们设计出一种专门鉴定钻石的仪器——热导仪,使用热导仪能快速有效地鉴别钻石与其他相似宝石。

十二、宝石的导电性

导电性是宝石对电流的传导能力。它很大程度上依赖于化学键的类型,具金属键的宝石因为在晶体结构中有自由电子存在，所以导电性强，离子键或共价键宝石导电性弱或不导电。此外，宝石的导电性还同原子或离子和化学键的空间分布有关，有些宝石的导电性具明显的异向性。根据导电能力的不同，可将宝石分为良导体、半导体和非导体三种。

十三、宝石的热电性

热电性是指宝石在外界温度变化时，晶体某些方向产生电荷的现象，如电气石（碧玺）。

十四、宝石的发光性

宝石在外来能量的激发下，能够发出可见光的性质，被称为宝石的发光性。能激发物质发光的因素很多，如摩擦、加热、阴极射线、紫外线、X射线等。宝石学中常用长波紫外线（365 nm）和短波紫外线（253.7 nm）以及X射线等高能激发源。宝石的发光性主要有两种类型：荧光和磷光。

宝石在紫外光线或X射线的照射下发出某些可见光，当激发源撤除后发光立即停止，这种发光现象称为荧光。

如果激发源撤除后，宝石仍能在较短的一定时间内（一般为5 s左右）继续发光，这种发光现象称为磷光。

不同的宝石有不同的荧光色，即使同一种宝石矿物其发光强度也不一样，这主要与宝石矿物晶格中微量杂质元素的存在有密切关系。

宝石矿物的发光性可作为鉴定宝石的一种辅助手段。如群镶钻石具有不完全一样的荧光，而用其他仿制品群镶时，则具有一样的荧光。

十五、宝石的色散

色散指白光在同一种介质中传播时，由于不同波长的光传播速度不同，白光通过透明物质的倾斜平面时分解为它的组成波长（即其的组成色），由此形成光谱色称为色散。有时称之为"火彩"。

十六、宝石的解理与断口

宝石晶体在外力作用（如敲打、挤压等）下能沿特定的结晶方向有规律地裂开形成较光滑平面的性质称为解理，这些裂开的面称为解理面。解理面与矿物结晶的原子结构有关，通常是宝石原子键结较弱的部位。解理是晶体最稳定的性质之一。根据解理面产生的难易程度，一般将宝石矿物质的解理分为极完全、完全、中等、不完全四个等级，极完全解理的宝石在断面上常出现阶梯状解理面。解理的发育会影响宝石的抛光效果，加工时应避免使刻面与解理面方向平行。如托帕石在加工时，台面与柱状晶体的底面至少应有5°的夹角。宝石的解理对切割某些宝石也很有用处，如钻石是自然界中最硬的宝石，沿解理方向劈开金刚石是古时候有经验工匠的秘诀，既省料又省事。

宝石晶体在外力作用下，沿一定的结晶方向裂成平整光滑平面的性质称裂理或裂开，裂开的面称为裂理面。裂理是由非固有的其他原因引起的定向破裂，它主要是在定向压力下晶格发生滑动形成或由于晶格中某一方向的面网间分布有其他物质的夹层等原因造成的。

断口则是宝石被强力敲断裂开的破裂面，断口并不是沿着解理面劈开，而是发生无方向的、不规则的破裂面，因此断口处所呈现不同的形状有助于鉴别宝石。断口的外形可分为：呈贝壳状、锯齿状、多片状、颗粒状、不均匀状等。

十七、宝石的包裹体与棉絮

宝石学中的包裹体是指三个方面的内容：
(1) 宝石内部的固体、液体和气体物质，称为固相、液相、气相物质。
(2) 宝石的颜色分带和分布或生长纹。
(3) 断口、解理及裂隙。

包裹体的存在往往会影响宝石品质，但在某些宝石中包裹体有规律的排列会产生特殊光学效应，如猫眼、星光效应，也有些包裹体会使宝石更有价值，如水胆玛瑙等。如果用十倍放大镜观察，看不见包裹体，就可认为是非常纯净的。天然宝石中有包裹体是正常的，因为天然宝石是晶体，在自然界中生长需要数万年之久，在这期间有其他矿物质"进入"很正常，这些外来物就成为宝石晶体中的包裹体。有时，包裹体也许是些小液滴之类，它们会形成羽状或指纹状花纹。晶体中的包裹体一般都非常微小，有时大量的细微包裹体和细络裂排列成线状或不规则的纤维状，珠宝行业称为"棉"或棉絮状，表示像漂浮在水中的棉花细丝。棉絮状包裹体是矿物形成之中或之后，由于外部的物理、化学条件或人为因素所形成的一种结构现象，肉眼或在放大镜下可见呈棉状、柳絮状、柳丝状特征。

运用现代技术分析，可知组成包裹体的物质有矿物、多相包裹体、昆虫或植物。其中，多相包裹体呈气泡状，里面可能是液体，可能是气体，也有液体和气体都有的二相包裹体。有时，有固体、液体和气体，则称为三相包裹体。包裹体是昆虫或植物的，只有琥珀一种。

宝石中的包裹体会影响宝石的商业价值，但包裹体也有好的作用。如琥珀中若有形态生动的昆虫，会因此而名贵；有猫眼效应、星光效应的宝石，也是因包裹体才形成的。另外，包裹体还有鉴别宝石真假的作用。人造宝石也会仿造包裹体，但有些仿不像，如通常是用气泡代替小液滴。

常见宝石包裹体，如图 6—3 所示。

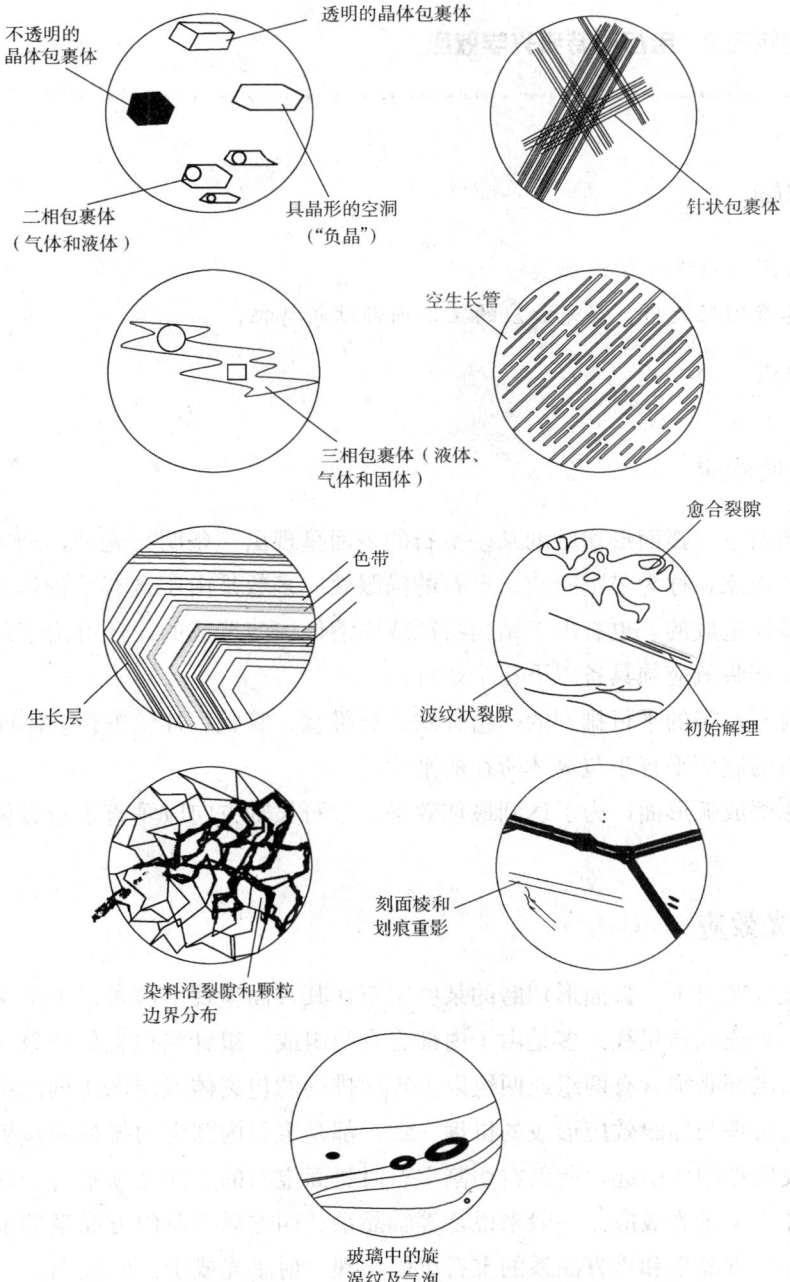

图 6—3　常见宝石包裹体示意图
（英国宝石协会资料）

 学习单元2 宝石的特殊光学效应

 学习目标

➢熟悉宝石的特殊光学效应。
➢掌握具有猫眼效应、星光效应的宝石内部结构特征。

 知识要求

一、猫眼效应

在光线照射下，弧面形切磨的某些宝石的表面呈现出一条明亮光带，随宝石或光线的转动而移动的现象，称为猫眼效应。宝石的猫眼效应多数是由于含有平行排列的针状、管状或片状包裹体造成的，也有由于结构特征或固溶体出溶造成的，还有由于纤维状晶体平行排列而致。猫眼效应须具备以下三个条件：

宝石内含有密集的平行排列的一组针状、纤维状、管状、片状等包裹体或类似结构。

切磨宝石的底面平行于包裹体所在的平面。

宝石需琢磨成弧形面，为了达到最佳效果，宝石长轴方向应垂直于包裹体或平行结构延伸方向。

二、星光效应

在平行光线照射下，弧面形切磨的某些宝石在其表面呈现出两条以上交叉亮线为星光效应，常为四条或六条星线。多是由于内部含有两组或三组针状包裹体所致。产生星光效应的宝石，其内部必须含有两组或两组以上定向排列的包裹体或定向排列的结构构造。星光效应形成的机理与猫眼效应形成的机理一致，都是宝石内部定向排列的包裹体或结构对光的折射和反射作用所引起，所以在切割宝石时弧面宝石的底面必须平行于含各组包裹体的平面，才能产生星光效应。一般来说，等轴晶系、四方晶系及斜方晶系的宝石可以出现四射星光，而三方晶系和六方晶系的宝石可以出现六射星光或十二射星光。

三、变彩效应

由于宝石的特殊结构对光的干涉、衍射作用所产生的颜色,随着光源或观察角度的变化而变化,这种光学现象称为变彩效应。欧泊是典型的具有变彩效应的宝石。

四、变色效应

宝石的颜色随入射光波长的不同而发生变化的现象称为变色效应,主要是一些含有铬(Cr)、钒(V)等色素离子致色的宝石。这种变色效应产生的主要原因是宝石对颜色选择性吸收达到平衡或存在两个明显相间分布的色光透过带。变石是典型的具有变色效应的宝石,它在日光照射下呈绿色,而在白炽灯照射下呈红色。具变色效应的宝石,除了变石外,还有哥伦比亚含钒蓝宝石、泰国的绿色蓝宝石、东非含铬钒锰铝榴石、部分合成立方氧化锆、合成刚玉仿变石、合成尖晶石仿变石等。

五、晕彩效应

晕彩效应是因宝石的特殊结构或宝石内的包裹体导致光线在宝石中发生干涉作用引起的颜色,如拉长石的晕彩。

六、月光效应

月光效应是指长石类半透明或乳白色弧面型宝石因散射、干涉、衍射作用在表面产生的漂浮状的白色或蓝色的光彩,看似朦胧的月光效应,如月光石。

七、砂金效应

砂金效应是指在透明或半透明宝石内因含有细小的片状物矿物体在光线照射下反射产生的闪闪发光的效应,如日光石。

 **学习单元3 宝石琢型**

学习目标

➤熟悉宝石琢型设计加工原则和要求。

➤掌握宝石的不同琢型特征。

 知识要求

一、宝石的琢型设计加工原则和要求

宝石的琢型、造型或切工也被称为宝石款式。按照宝石琢型或造型的外部特征可以把宝石的款式分为：弧面、刻面、珠型和异型等款式类型。

宝石琢型设计加工原则和要求如下：

尽量保留宝石质量，减少原石加工中的剔除量。

尽量保证宝石颜色特性，注意造型的厚度、粒度（体积大小）和定向定位。

尽量保持宝石的最佳光学特性，适当选择造型的几何形状、尺寸比例和角度。

尽量满足对宝石的净度要求，注意对瑕疵和包裹体的处理。

二、弧面型款式

弧面型也称为凸面型或素面型款式。它适合于加工各种半透明和不透明宝石。弧面型的造型特征是宝石的上表面或上下表面被加工成弧面曲面，如图6—4所示。

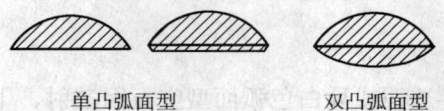

图6—4 常见弧面型宝石示意图

三、刻面型款式

刻面型也称为翻面型款式或小面型。它适合于加工各种透明宝石。刻面型造型特征是宝石表面由若干个具有一定几何形状的小平面所组成，构成有规则的立体造型，如图6—5所示。

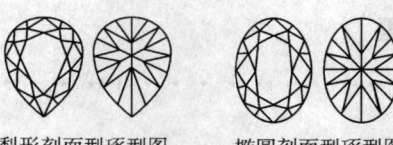

图6—5 常见刻面型宝石示意图

四、圆钻型款式

圆钻型也称为圆多面型。圆钻型造型在钻石款式设计中被广泛应用。圆钻型始于1914年，马歇尔·托尔库夫斯基利用光学原理，科学地推算出圆多面型款式中的加工尺寸比例和角度，大大提高了钻石的火彩、闪烁和亮度等宝贵的光学效应。标准圆钻型造型特征是由冠部、腰部和亭部组成，宝石被加工出57～58个小面，人们称之为美国式圆多面型（见图6—6）。在此基础上，又设计出欧洲式和斯堪的纳维亚式等圆多面型造型。

五、祖母绿型款式

祖母绿型又称阶梯型。祖母绿型造型被广泛应用于祖母绿宝石的加工中，并因此而得名。祖母绿型造型特征是其腰部形状为去掉四个角的矩形，上下表面有一些呈阶梯状排列的小面，下部终止于一个斧形的尖底，适用于脆性易破损宝石，如图6—7所示。

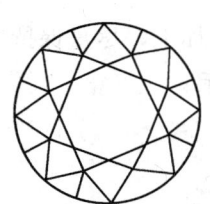  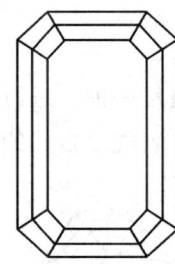 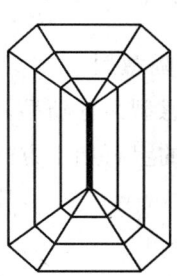

图6—6　圆钻型宝石示意图　　　　图6—7　祖母绿型宝石示意图

六、珠型款式

珠型宝石的造型特征是宝石的中心有用于穿线的小孔，外表面可以由各种弧形曲面或连续排列的小平面围成，也可以是几何形柱体。根据珠石的外形不同，珠型款式可以分为圆珠、椭圆珠、扁珠和棱珠等。多个珠型宝石可以用线穿成手链、项链等首饰，如图6—8所示。

七、异型款式

1. 自由型

自由型是一种根据原石的自然形态、颜色、色块及分布情况，自由确定创作主题和艺术表现手法的造型。自由创作型特别强调因材施艺。自古至今，中国出产的大量玉雕饰品，大部分采用自由型款式，有着丰富多彩造型的玉雕饰品，充分体现了时代特征和民族

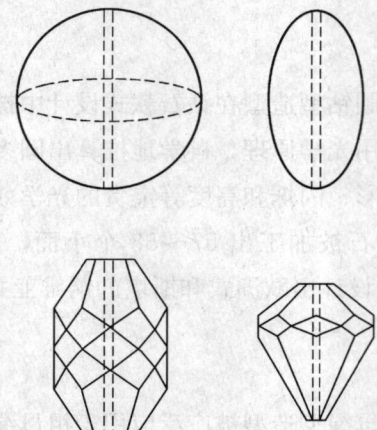

图 6—8 常见珠型宝石示意图

精神。

2. 随意型

随意型又称随型。这是一种只进行一点磨棱去角和抛光的简单加工,尽量保持原石自然形态的宝石加工方式,表现出自然的特征和精神,如图 6—9 所示。

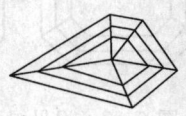 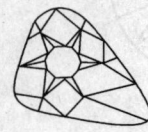 

图 6—9 常见随型宝石示意图

 学习单元 4 宝石常用观察仪器

 学习目标

➢ 了解常用观察仪器的原理与结构。
➢ 掌握常用观察仪器的维护与保养。
➢ 能够使用常用观察仪器观察宝石。

宝石基本知识

 知识要求

一、放大镜工作原理与结构

1. 放大镜工作原理

放大镜是根据光学原理而设计的，由凸透镜构成。其放大倍数和凸透镜的曲率有关，可将物体放大，并通过人的视网膜形成放大的物像。

2. 放大镜结构

宝石放大镜的结构是由镜头与塑料或不锈钢套组成。宝石放大镜的倍数有 10 倍、20 倍、30 倍等数种。宝石鉴定中最常用的是 10 倍放大镜，如图 6—10 所示。

图 6—10　10 倍宝石放大镜

3. 宝石放大镜的品种

双合镜：由两片平凸透镜构成，无像差（图像畸变）。

三合镜：由两片铅玻璃制成的凹凸透镜中夹一无铅玻璃制成的双凸透镜黏合而成。无像差和色差（出现彩色边缘）。

优质的宝石放大镜应具备球面半径一致、焦距稳定、无像差和色差、视域宽而清晰等特点。

检查放大镜的好坏可以用放大镜观察米格纸上 1 mm×1 mm 的正方形格子图形，根据方格是否畸变来确定，如图 6—11 所示。

113

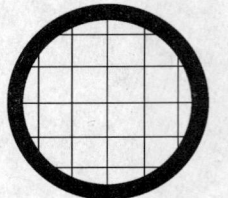

图 6—11 放大镜畸变检查示意图

二、镊子的工作原理与结构

镊子是根据力学原理而设计的。镊子有多种，内部常有凹槽或"♯"纹以利于夹牢和固定宝石。常见的镊子有带锁和不带锁两种结构，带锁的能够利用锁扣固定夹持宝石。

使用镊子夹持宝石时，镊子应平行于宝石的腰部，用拇指和食指控制镊子的开合，用力须适当，过松夹不住，过紧会使宝石"蹦"出或破损。

三、二色镜的原理与结构

二色镜是用于观察宝石多色性的仪器（见图 6—12），使用二色镜可以观察宝石的二色性、三色性，并有利于判断宝石的光性。宝石的多色性可以作为宝石的鉴定特征之一，还可以在加工时用来帮助确定宝石最佳颜色出现的方位。

图 6—12 二色镜

1. 二色镜原理

当自然光进入非均质体宝石时，分解为两束振动方向互相垂直的偏振光，如果能将这两束光分解开来，就能看到宝石不同的颜色。一轴晶宝石可见二色性，二轴晶宝石可见三色性。

常用二色镜由冰洲石制成,冰洲石具有很高的双折射率,其菱面体是一个解理块,晶体结构裂开的角度及解理块长度正好使来自宝石的两束偏振光再次分解,并经透镜聚焦后,并排出现在视域的两个窗口中。

2. 二色镜结构

冰洲石二色镜主要由冰洲石菱面体、透镜(目镜)、进光窗口(小孔)等组成。来自光源的光通过非均质体宝石后,被分解为两束振动方向互相垂直、折射率和颜色各不相同的偏振光。这两束偏振光进入二色镜的小孔后,冰洲石菱面体将它们再次分解,经透镜聚焦后,并排出现在视域的两个窗口中,如图6—13所示。

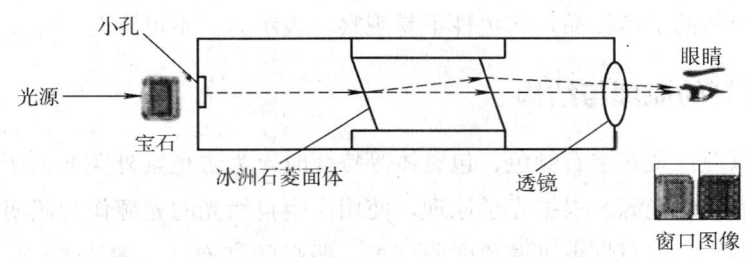

图6—13 二色镜结构

3. 二色镜观察现象与结论

(1) 宝石多色性观察中的现象。

出现一种颜色,宝石样品可能为均质体宝石,也可能为非均质体宝石,多色性不明显,未观察到。

出现两种颜色,宝石样品为非均质体宝石;可能是一轴晶(结构)宝石,也可能是二轴晶(结构)宝石,仅观察到两种颜色,第三种颜色不明显。

出现三种颜色,宝石样品为二轴晶(结构)宝石。

(2) 多色性的强度分为强、中、弱、无。

强:肉眼即可观察到不同方向颜色的差别,如红柱石、堇青石等。

中:肉眼难观察到多色性,但是二色镜下观察明显,如红宝石等。

弱:二色镜下能观察到多色性,但有时区分较困难,如橄榄石、锆石等。

无:二色镜下无多色性,是均质体宝石,如玻璃、石榴石、尖晶石等。

还可能是无色或白色的非均质体宝石,如无色水晶等。

多色性的强弱程度并不是绝对的,其级别也不能完全作为区别宝石种类的依据。多色性不仅取决于宝石种类本身的光性特征,还受到宝石体色的影响。一般来说,具有多色性的同种宝石,颜色越深,多色性就越明显;颜色越浅,多色性就越弱。

(3) 宝石多色性观察中的颜色描述。

颜色需要直观描述观测到的变化明显的两种或三种颜色，颜色间用逗号或其他符号分隔开。如红宝石的二色性描述为"强红，橙红"或"强红—橙红"；堇青石的三色性描述为强，浅紫，深紫，黄褐。

某些有色的非均质体宝石的多色性可呈现体色的深浅色调，如海蓝宝石为"蓝，浅蓝"或"浅蓝，近无色"等。

不透明或透明程度差的宝石样品，无法或不易观测多色性时，表示为"不可测"。

均质体或无色非均质体宝石样品，无多色性，表示为"无"。

非均质集合体的玉石样品，多色性不易观察，表示为"不可测"。

四、宝石灯的原理与结构

宝石灯的原理：观察宝石颜色、包裹体等特征时，为防止紫外荧光的干扰，有时需要使用无紫外光的特殊光源。根据光学原理，使用产生自然光的光源作为照明工具。

宝石灯的结构：宝石灯由可调角度的灯罩，明亮的灯泡（一般为 60 W 钨丝灯泡，观察钻石使用特定的无紫外光的白色日光灯灯管）和稳定的白色、灰色灯座组成。

笔式手电筒是随身携带或柜面上常用的宝石灯具，配备白色发光二极管，使用时应将宝石刻面用手指或镊子夹住或它原先就镶在戒指或其他镶座上，使来自宝石背后的笔式手电筒的光直接对着眼睛；手电筒和宝石握在同一只手中；用肉眼仔细观察，而后用放大镜观察。

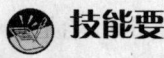 技能要求

宝石放大镜的使用

宝石放大镜是主要用来观察宝石内、外特征的鉴定仪器。

操作准备

(1) 选择 10 倍放大镜，如宝石样品较小，尽量选择带锁镊子。

(2) 清洁放大镜和宝石样品，放大镜可以用不起毛的棉布或镜头纸、脱脂棉球等进行擦拭。清洁宝石可以用专用擦布、蘸酒精的棉签或用镊子夹持宝石直接浸泡在无水酒精中进行。

操作步骤

步骤 1 操作姿势。一手持放大镜，一手持镊子；放大镜靠近眼睛，距离约为

2.5 cm；样品靠近放大镜，距离为 2.5 cm 左右（以视域清晰为准）。为保持稳定，一般持放大镜或持镊子的两手臂均可倚靠在工作台上，如图 6—14 所示。

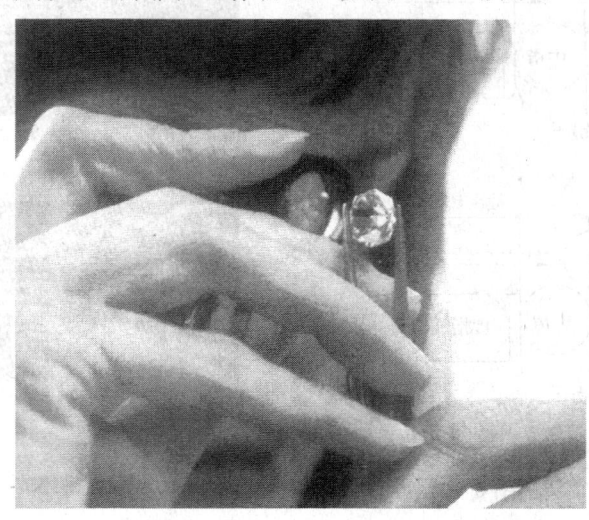

图 6—14　用放大镜和镊子观察图

步骤 2　观察宝石内外部特征时，需要用放大镜、宝石镊子，观察者的手指与眼睛要一起配合进行观察，有些观察者可能会使用其他一些姿势进行观察，如图 6—15 所示。

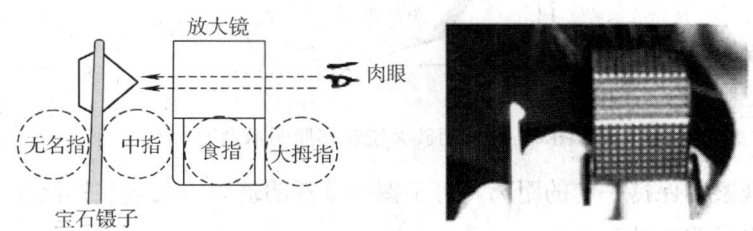

图 6—15　用放大镜观察亭部姿势图

观察宝石冠部与观察宝石台面类似，但需要根据观察情况对镊子进行稍微的倾斜转动，如图 6—16、图 6—17 所示，直至能舒适、清楚地观察到宝石内外部特征为宜，也有观察者使用其他一些方式夹持宝石观察冠部。

步骤 3　光线照在样品上。用反射光观察宝石样品的表面特征，用透射光观察样品的内部特征。观察者的眼睛要避开灯的眩光，如图 6—18 所示。

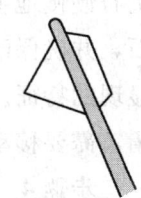

图 6—16　用镊子夹持观察亭部图

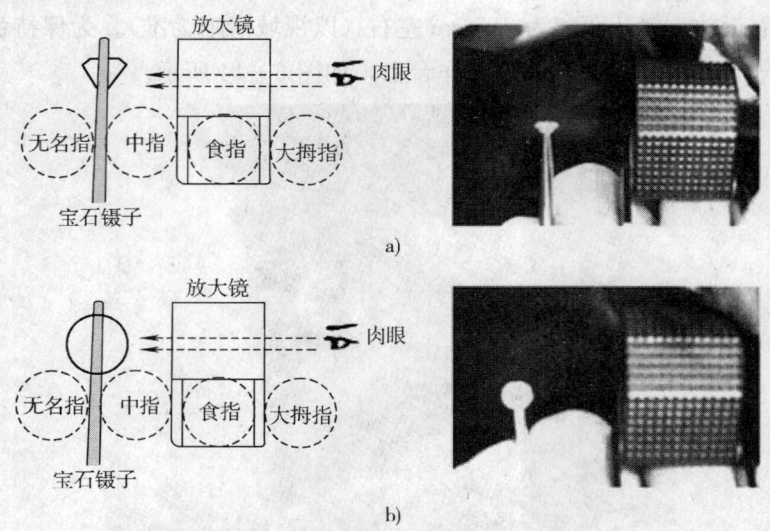

图 6—17 用放大镜观察宝石腰部姿势图

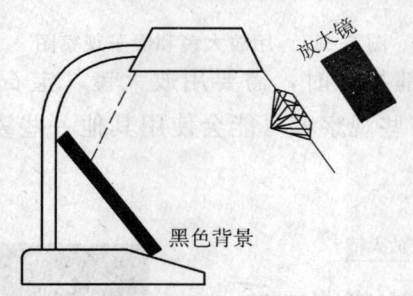

图 6—18 用放大镜观察照明示意图

灯光和被观察物保持一定的距离，可手握一个透明玻璃镇尺或装饰品于一片白纸或白布的上方和灯光最明亮的下方。

观察宝石时，将宝石置于较暗的背景上，手指间转动宝石并观察尽可能多的特性；将宝石慢慢地朝自己移动，直至宝石内部亮起来而表面则相对转暗。观察宝石时要转动宝石，并确保已观察了内部和外部的每个部分。始终注意转换照明方向，这样能观察到突然显现的特征。如果看到的特征始终保持不变，那么这些特征可能是属于灯泡表面造成的混淆，需要移动宝石进一步观察。

步骤 4 转动样品，从各个方向观察样品内、外部特征；要求从各个角度观察，并记录观察现象。

步骤 5 记录内容要注意描述宝石内、外部特征的位置、数量、颜色、大小、形状、相态等。如"位于台面中心有一个红色的颗粒状固体包裹体""亭部有大量绿色短针状固体包裹体"等，也可绘制净度素描图来说明。

注意事项

（1）使用放大镜观察时，环境最好为黑、白、灰等中性色，实训环境最好不要有大红、大绿等鲜艳的颜色，学员也尽量不要穿着鲜艳的衣服；整个环境需要无干扰；灯光要合适，最好采用标准色温的专用宝石台灯。

（2）使用放大镜观察时，注意坐姿稳定，要求两个眼睛都睁开，以保持学员身心的舒适，避免疲劳。

（3）当使用毛玻璃灯泡或日光灯管时，某些光学效应如星光效应，有可能被漏掉。要改变光照和使用不同的背景以产生不同的照明效果，阳光对显示星光和猫眼等关系效应十分有利。

（4）注意保护宝石标本和仪器，特别是放大镜的镜头，使用时要谨慎小心，不能用尖锐的物品刻划镜头。

二色镜的使用

二色镜是用来观察宝石多色性的鉴定仪器。

操作准备

宝石样品必须是透明、有色、单晶的非均质体宝石，宝石颜色越鲜艳、透明度越好越易观察；宝石多色性大小与双折射率无关。

光源必须是白光光源（阳光或白炽灯）。

操作步骤

步骤1 将二色镜进光小孔对准白光光源，从目镜中观察两个平行相连的方形或圆形视域。

步骤2 用宝石镊子夹住宝石样品置于二色镜小孔前，距离约为1/4英寸（0.635 cm）或5 mm左右，以目视清晰为准，使光透过宝石再进入二色镜进行观察。

步骤3 眼睛距离二色镜目镜口约1/4英寸观察。观察时宝石和眼睛尽量靠近二色镜。

步骤4 边观察边转动二色镜，观察两个窗口的颜色变化，转动时两个窗口的颜色互换才是多色性。

步骤5 转动样品90°，再次用二色镜观察；要求对样品至少从三个互相垂直的方向来观察。因为沿光轴方向观察时，宝石无多色性，所以至少要从三个方向观察。当二色镜转动到宝石的振动方向与冰洲石菱面体的振动方向一致时，多色性最明显，如图6—19所示。

图 6—19 二色镜操作示意图

注意事项

(1) 光源避免单色光、偏振光等进入小孔，日光灯管边缘的光线部分是偏振光，宝石反面的反射光或许会偏振化。

(2) 观察时采用透射光。不要把宝石直接放在光源上，某些宝石受热后多色性可能发生变化。

(3) 某些样品的颜色不均匀或具色带，不要误认为是多色性。

(4) 从一个方向上观察，只能见到两种颜色；具三色性的宝石，其三种颜色在不同的方向上显示。

(5) 在二色镜中若见样品由深色—浅色—无色；或除两种颜色外的混合色和灰色，那都不是三色性的表现。

第 7 章

钻　石

第 1 节　钻石常识　　　　　　　　　　　/122
第 2 节　钻石的基本性质与分级标准　　　/129

"钻石恒久远，一颗永流传"是对钻石的最好赞美。钻石成为珍贵的宝石，是因为它拥有许多足以超越其他宝石的特性，如无可比拟的光泽度、火彩、硬度。钻石被命名为 Adamas，源自于希腊文，意思是不可征服的石头，是英文 Diamond 的由来。在珠宝世界里，钻石扮演着不可缺少的角色。

印度是最早发现钻石的地方。虽然当时并没有文献记载，但印度是在南非钻石矿发现以前唯一主要的钻石产地。而南非的钻石矿业是于 1867 年在开普敦河岸，一个牧童捡到了一颗质量为 21.56 ct 的钻石，从而发现了大量钻石矿脉后才开始。不过由于钻石有许多变革都发生在南非钻石矿最蓬勃的时代，例如掌控全球钻石最重要的机构戴比尔斯就是在这里发源的，导致大部分人都以为南非是钻石最大的产地。以目前的市场而言，南非所产钻石只占世界总产量的 12%，但是南非在钻石历史上确实扮演了重要的角色。

最早有关钻石的文献记载是出现于公元 1 世纪普利尼斯的《博物志》。事实上钻石早在公元前四五百年就被发现了，只是在当时因为无法切磨所以一直没有被当做宝石对待。直到后来荷兰的宝石工艺师想出切磨钻石的方法，钻石才开始与人类发展成密不可分的关系。

第 1 节　钻石常识

学习单元 1　钻石概念

学习目标

➢ 了解钻石的形成与产地。
➢ 熟悉国际钻石市场。

知识要求

一、钻石的形成与产地

钻石的历史源自远古，孕育在地球深处，带着无尽的神秘，带着璀璨的光彩，以其稀

钻 石

少、坚硬、珍贵和独一无二的美感令人向往、追求。钻石的历史源远流长，就目前的资料来看，佛教的经典中记载着释迦牟尼的头冠是用钻石制造的。由此推知公元前五六世纪印度人就已经使用钻石了，但印度的金刚石产量很低，逐渐被人淡忘。古代罗马著名哲学家普林尼在书中讲述到钻石的故事。亚历山大王于公元前 350 年，在印度战争时曾从一深坑中取得钻石。当时，坑中有许多毒蛇，无人能够下到坑中，亚历山大王即令士兵用镜子折光将毒蛇烧死，而后将羊肉掷于坑中，钻石黏在肉上，秃鹰来吃，再追踪秃鹰，杀鹰取石。

两千多年来，印度一直是世界上钻石的主要来源地。到了 12 世纪钻石交易还只限于东方和地中海东岸。

欧洲的钻石技师一直尝试用较复杂的器具和方法来切磨钻石，使它闪烁出更亮丽的光芒。大约在 1450 年钻石才开始有了真正意义上的加工，当时钻石的加工只有 17 个面。1558—1605 年英国女王所用的钻石也只是有八面体的钻石，磨掉一个顶尖，成为戒面。到 1919 年有位住在美国的波兰人名叫塔古瓦斯基，他通过对钻石的折光系数等精确计算，设计出 58 刻面的切工，自此，琢型钻石流行至今。

钻石的矿物名称为金刚石。钻石是指经过琢磨的金刚石，金刚石是一种天然矿物，是钻石的原石，人们常把钻石和金刚石两名词混为一谈。

钻石由碳元素组成，在地壳深处 200 km 左右，简单地讲，是在地球深部高压、高温条件下形成的一种由碳元素组成的单质晶体。在大约 1 100℃的高温下和 40 000~60 000 个大气压作用下，碳元素变成了晶体，然后随火山爆发侵入地壳或喷出地表，结晶的矿物——钻石被挤出了地面。经过年代的变迁、风化作用、雨水及河流的冲刷而形成了两大矿系：原生矿和次生矿。原生矿就是地壳运动中被带至地面并在原地堆积起来的矿。这类矿一般钻石产量不多，质量较差，多为工业用钻，开采往往较困难，大约相当于钻石总产量的 20% 左右。次生矿也叫砂矿，是经过大自然冲刷和搬运而重新堆积而成的矿，这些矿往往产量高，质量好，是宝石级钻石的主要产地。并非所有的火山都出产钻石，只有一种名为金伯利岩的火山岩中才有希望找到钻石。该岩石因首先发现于南非金伯利地区而得名，由于它的外观是深蓝色，所以俗称"蓝土"。钻石常在蓝土中呈散点状分布，绝大多数的钻石都深藏在金伯利岩中，但不是所有金伯利岩都含有钻石。迄今为止，全世界共发现 5 000 个金伯利岩洞，其中含钻石的约有 1 000 个，开采的不到 60 个。20 世纪 70 年代末，人们发现了另一个含有钻石的火山岩，即钾镁煌斑岩。

近年来，世界钻石每年开采量为 12 亿~13 亿克拉，产值约为 60 多亿美元，共有 20 多个国家生产钻石。按产量排序前五位分别是澳大利亚、扎伊尔、博茨瓦纳、俄罗斯和南非。若按产出钻石的价值来排序，前三位是博茨瓦纳、俄罗斯和南非。

澳大利亚虽然在1884年就有20万克拉的年产量，但在全球的钻石产量面前仍是微不足道的，直到1986年因为发现了阿盖尔钻石矿而使它一跃成为世界第一位产钻国。遗憾的是由于澳大利亚宝石级钻石只占总产量的5%，且颗粒较小，使其产值只能占到全球钻石产值的6%左右。值得一提的是，阿盖尔钻石矿有不少彩色钻石产出（尤其是粉红色钻石）。

南非是最重要的产钻国家，它所产出的钻石以质量好、颗粒大而闻名于世。世界上发现的最大的钻石原石重3 106 ct，原产地就是南非，后被分割成9颗主要钻石，最大的一颗为53 006 ct，被称为"非洲之星"，也叫做"库里南一号"，梨形，被镶嵌于英国皇权杖上直至今日。有资料统计，现存世界上100 ct以上的钻石95%产自南非。

现居钻石产值全球第一的博茨瓦纳，1966年还是非洲最穷困的国家之一，地处荒凉的塔克拉玛干大沙漠中，但就在这里却蕴藏着丰富的钻石资源。自1971年开采后，博茨瓦纳跻身于非洲最富有的国家之列。该国出口贸易额的80%来自钻石。

俄罗斯1829年在乌拉尔山发现有少量钻石，但直到1954年，两位女地质学家于西伯利亚发现大的金伯利岩脉并找到钻石，才使俄罗斯成为产钻大国。目前俄罗斯钻石产量占全世界钻石产量的20%，是该国重要的外汇来源。

非洲是重要的产钻石地区，除了南非和博茨瓦纳外，主要产钻国还有安哥拉、扎伊尔、纳米比亚、坦桑尼亚、中非共和国、几内亚等，但是由于战争的影响，产量极不稳定，品质一般。最近国际上对"血腥"钻石的限制也越来越强。2002年，联合国通过的《金伯利宣言》规定，所有钻石都需明确其产出地，以此来控制"血腥"钻石的流入。

中国的钻石开采始于17世纪，1937年发现第一颗质量超过100 ct的钻石，最重的是质量为281.75 ct的"金鸡"钻石。1977年山东省临沭县常林大队农民魏振芳在翻地时捡到一颗名为"常林"的钻石，重158.78 ct。

21世纪初，加拿大北部埃卡提钻石矿的投产使其成为全球主要产钻地区之一，预计加拿大近期将有更多的钻石进入世界钻石市场。

二、国际钻石市场

从古代到18世纪，所有的钻石都来自印度。早期钻石交易的历史不很清楚，但是据史料记载，东西方钻石贸易的往来是通过古丝绸之路来实现的。印度港口作为与欧洲主要贸易路径的起点，使欧洲与亚洲之间的贸易关系蓬勃发展。威尼斯是古丝绸之路的必经之地，不仅垄断了印度的商品市场，也垄断了钻石贸易。

目前全球共有26家钻石交易所，分布于世界各地。这些交易所共同组成世界钻石交易所联盟，联盟制定统一的交易规则，成员必须信誉良好，有一定的经济实力。钻石交易所既是安全的交易场所，也是商界的社交场所。中国最大的、也是官方设立的唯一的钻石交易所已于 2000 年在上海成立，并申请加入世界钻石交易所联合会。钻石交易的过程是，钻石采购商又称看货人，从中央统售机构购得钻石原石以后进行切磨、加工，并再交易或把原石直接送入钻石交易所进行交易。

一个国家或地区钻石业的规模与性质和它所能获得的钻石原石有关，和政府政策上的支持有关，也和当地切磨技术含量有关。一般来说，中央统售机构把颗粒大、质量好的钻石卖到纽约，因为美国既有先进的切磨技术又有巨大的市场；把 0.2 ct 以下的钻石卖到印度，因为印度具有廉价劳动力的优势。

比利时的安特卫普、以色列的特拉维夫、美国的纽约、印度的孟买是世界公认的四大钻石交易中心，也是钻石加工切磨中心。在亚洲，日本和中国香港也是重要的钻石贸易中心。

1. 安特卫普钻石加工交易中心

这个位于比利时的港口城市自 15 世纪中叶起就一直是世界重要的钻石贸易与加工中心。安特卫普有 1 000 多家钻石加工和贸易公司，有四大钻石交易所从事钻石原石、切割后钻石及天然工业钻石的交易。钻石加工特点是颗粒大，以花式加工为主，技术含量高，切割工艺水平闻名于世。"比利时切工"是完美加工的代名词。每年钻石成交金额约为 200 亿美元，切割钻石的贸易量占全球一半以上。

与其他钻石中心相比，安特卫普的主要优势在于其地处欧洲中心的地理位置，并具有先进的银行和金融服务。

2. 以色列特拉维夫钻石加工交易中心

特拉维夫的交易金额约为 70 亿美元，位于特拉维夫郊外的拉马甘的钻石交易中心是目前世界上最大的交易所。该中心除了向 2 500 个会员提供办公场所外，还拥有银行、餐馆、邮局、鉴定所、医生、犹太教集会场所等多种服务机构，另设有海关办事处，可便捷地办理所有进出口手续。

特拉维夫钻石加工交易中心更得益于拥有先进的切磨技术。钻石行业一直把先进的切磨技术作为降低成本在钻石界立于不败之地的根本。较之其他交易加工中心，以色列生产商保持了更大的竞争优势，在世界各地开辟了新的钻石市场。目前，以色列的钻石有 45% 出口到最大的钻石消费国——美国。

3. 纽约钻石加工交易中心

纽约是美国的金融贸易中心，也是全球重要的钻石贸易加工中心。美国进口的所有钻石几乎都经过纽约，这使纽约成为世界上一个极为繁华的钻石中心。人们在这里可以大范围地挑选适合自己的钻石，从美国制造商生产的高品位、大颗粒钻石到印度、以色列、比利时设在纽约办事处提供的各种低品位、中等规格的钻石，应有尽有。

纽约作为钻石加工贸易中心的历史并不太长，但它能迅速崛起的奥秘在于依托于一个巨大的消费市场（美国的钻石零售额占全球消费量的38%，近250亿美元），依托于灵活的贸易方式，也依托于多年的加工特色和一批技术精湛的加工技师。与其他加工中心相比，美国的劳动力成本较高，为了在激烈的市场竞争中生存发展，纽约选择了中、大颗粒的钻石为主要加工对象。目前，纽约拥有500多名切割师，据说是属于世界技术水平最高的技师行列，擅长加工2 ct以上的钻石。

4. 孟买钻石加工交易中心

印度钻石工业诞生于20世纪50年代末的苏拉特地区。起点较低，现在已经成为全球一个重要的加工贸易中心，几乎垄断了小规格的钻石生产，拥有世界上最多的钻石切割和抛光的技工。据估计，在孟买及印度其他的地方约有3万家大小不一的加工厂、60万庞大的技工队伍。

印度钻石工业的优势表现在加工小颗粒钻石的专业化，而劳动密集化和小额资产投资是它的法宝。另一大优势是遍布全球各地的大规模销售网络，分散在世界各主要的钻石生产和贸易中心，有1 000多家印度办事机构。除此之外印度众多的加工队伍，其收入只有欧洲同行的1/6甚至更低，这也是印度钻石业取得成功的一个最重要的原因。

在国际上，中国、泰国、印度尼西亚、斯里兰卡等新兴钻石加工中心的崛起对印度曾经无可争辩的地位构成威胁。新崛起的钻石加工国家都拥有廉价的劳动力、充足的货源，且逐步在国际上建立起自己有效的推销网络。因此，印度生产厂商为了立于不败之地，正朝着生产质量更好和切割多种精致装饰款式钻石的方向发展。

学习单元2　钻石国际组织

学习目标

➢ 了解国际钻石组织。

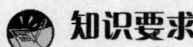

知识要求

一、戴比尔斯和DTC

钻石具备奢侈品的特征，不同于一般民用商品。在新矿源不断被发现的情形下，如果产销不能很好地配合，就会因供过于求而价格暴跌，失去其高贵的形象，对生产者、加工商、珠宝商乃至消费者都会造成极大的经济损失。所以，客观上产生了由强有力的公司控制产销以稳定市场的要求。1888年罗德士创立了戴比尔斯联合矿业公司，为钻石矿产的统售建立了一个模式，而其继任者奥本海默爵士更进一步设立了中央统售机构，简称CSO来贯彻其理想。由于他的战略眼光及所采取的一些措施，使钻石市场纳入统一轨道并形成独特的供求渠道，也因此控制了全球近80%钻石原石产量。按照统一模式，钻石集团将从戴比尔斯钻石矿、合资钻石矿签约生产商处购买钻石原石，经过分选、评价之后，再由中央统售机构（CSO）负责销售给主要钻石贸易商。CSO的销售不是随时可以去买，它每年只举行10次专卖会，而这些专卖货也只有特约钻石商（也称为看货人）可以申购。目前，全世界大约有150位看货人，看货人在每次买货前要提出申购单，中央统售中心对这些申购内容加以分析，并依照库存资料来分配给看货人货源。这一近乎垄断的控制钻石原石的生产和销售策略，保证了钻石市场的供求平衡。这是一种特殊的垄断，因为它不仅不会给钻石生产商、加工商、珠宝商及消费者带来损害，反而对各方面都有利。它将从各钻石生产商收购来的钻石混合在一起统一分类、统一定价，把钻石市场分割成若干个具有不同价格和供求数量的次级市场，构筑成一个有机的统一体，从而保证了钻石生产企业的长期利益。对于普通消费者来说，钻石的这种单一渠道买卖使得他们敢于根据自己的财力购买更多的钻石。即使在战争年代或经济危机时期，钻石批发价格的增长仍大于通货膨胀率，钻石购买者总能发现所购买的钻石在不断增值。2000年7月，戴比尔斯在安特卫普召开的世界钻石大会上正式宣布：戴比尔斯将不再致力于控制钻石原石供应，公司的主要精力将放在培育全球市场对钻石的需求上。CSO的功能将被戴比尔斯下属的钻石贸易公司（DTC）所取代。DTC将不再控制钻石价格，而只将钻石销给业绩、声誉俱佳的客户。戴比尔斯因此成为那些精英企业市场机会的供应者，要维护的不再是全球钻石业的利益，而是DTC公司和主要固定客户的利益。戴比尔斯的这一战略调整对世界钻石业的影响是巨大的。一百多年的时间里，通过垄断钻石市场，保持钻石市场的相对稳定，建立统一的钻石评估体系，推广钻石销售，戴比尔斯创造了一个钻石奇迹。

二、国际珠宝联盟（CIBJO）

CIBJO总部设在英国伦敦卢克街78号A座。它的前身是一个名为BIBOAH的欧洲团体，成立于19世纪20年代中期。1961年10月，10个成员国代表参加的团体会议决定更名为CIBJO，并通过了新的章程，并将其工作范围扩大到欧洲以外。目前这个组织已拥有20多个成员国，得到国际珠宝首饰行业的广泛认同，它的宗旨是保护和促进国际珠宝首饰贸易。

成员国代表大会每年召开一次，每个成员国和四个独立分会各占一席。宝石、钻石、珍珠三个专业委员会负责制定和修订宝石、钻石、珍珠三本技术标准手册，向世界推荐规范的专业术语，倡导良好的贸易规则，具有普遍的指导作用。

CIBJO的钻石委员会设立于1971年。1974年开始制定《钻石贸易手册》及钻石手册。

三、国际钻石理事会（IDC）

IDC是世界钻石交易所联盟（WFDB）和国际钻石制造商协会（IDMA）于1975年成立的联合委员会。成立目的是要为钻石贸易制定一个国际上普遍适用的钻石品质评定的统一标准，并且在全世界保障这套标准的实施。

"国际钻石分级标准"是于1979年国际钻石联盟在和比利时钻石高层议会CIBJO的钻石专业委员会的参与下制定的。目前，许多重要的钻石贸易都采用了IDC的标准。

四、比利时钻石高层议会（HRD）

HRD成立于1973年，是比利时官方承认并带有官方色彩、代表比利时钻石工商业的非营利性的钻石专业组织机构。在钻石加工技术、商业贸易、钻石鉴定分级、人才培训等方面提供服务，并开展国际交流，在国际上有很高的知名度和良好的信誉。

HRD的成员包括比利时的四个钻石交易所，比利时交易联合会及行业内七个贸易组织、两个工会。其管理局下设有钻石局、宝石学院（IGI）、证书部、公共关系部和钻石科研中心五大部门。

五、美国宝石学院（GIA）

美国宝石学院创立于1931年，是国际珠宝鉴定及相关科研教育方面的专业院校，在国际上享有非常高的声誉。目前，GIA除了非洲以外，各大洲均设有教学机构。在美国本土的纽约市、意大利的维琴察、泰国的曼谷、韩国的首尔、日本的东京和大阪、中国的香港和台北都办有分校，几十年来共培训了约15万专业人才，遍布全球。

美国宝石学院是最早系统提出钻石4C分级规则的机构，钻石4C分级的标准随着GIA的大力推广现已被全世界广泛运用和认可。总之，GIA在统一钻石分级标准方面的努力功不可没。

钻 石

第2节 钻石的基本性质与分级标准

 学习单元1 钻石的物理、化学性质

 学习目标

➢掌握钻石的基本物理、化学性质。

知识要求

一、钻石的物理性质

1. 硬度

钻石的硬度在所有已知的物质中是最大的。这就是说钻石能抵抗所有外来物质对它的刻划、压入和研磨。

比如，位于10级的钻石硬度是位于9级的刚玉的140倍；而刚玉则比8级的黄玉硬9倍。

根据摩氏硬度级，指甲的硬度是2.5，玻璃的硬度是5.0～5.5，钢刀片的硬度是5.5～6.0。

钻石是所有物质中硬度最高的，能对钻石进行切磨的也只能是钻石本身。这是因为在钻石的各个表面以及同一表面的不同方向，钻石的硬度是有差异的。人们就是利用钻石在硬度上的差异，以钻石粉末对钻石进行切割、研磨、抛光。此外，不同产地的钻石也有硬度上的差异，不同颜色硬度会不同，黑色的钻石比天然钻石要硬。

宝石的破裂方式是其抗磨损的另一个重要因素，宝石的耐久性与解理发育有着密切的关系。钻石具有完全的八面体解理，具有中等解理，这是钻石的唯一缺点。所以说钻石"不怕磨，但怕打（击）"，因此佩戴钻饰时要注意不要受硬物碰击。但这同时也是优点，加工师可借此将钻石劈开。

2. 密度

金刚石的密度 3.52 g/cm³。若含杂质或裂隙，可能稍低。它的密度比一般的砂子（石英、长石，2.6～2.7 g/cm³）大，因此早先人们在淘金时，有时会淘出金刚石。在砂矿中采金刚石就用淘洗法。

3. 颜色

纯洁的钻石应该是透明无色的（习惯称白色）。因经常含有其他微量元素或结构缺陷，钻石可呈现各种颜色，如白、黄、橙、棕、绿、蓝、红、紫、烟灰、黑色及乳白色。

4. 热传导率

钻石传导热的能力是所有已知物质中最高的。当我们用手接触钻石时，会感到特别的冰凉，这是因为钻石能迅速吸收我们的体温，钻石的导热性是铜的 25～65 倍。在对钻石鉴定中，有时人们通过哈气来判定是否为钻石，因为钻石表面的雾气消散比其他物质快得多，也就是根据钻石极高的导热性能。当然这种鉴定方法不适于炎热的夏天。

利用钻石异常高的热导率，人们制成了一种用于快速区分钻石及其仿制品的仪器，即热导仪。根据宝石吸收热量的速度不同，热导仪能迅速地判定待测宝石是钻石还是仿制品。

高热导率是钻石的一个重要特性，它可以作为鉴别钻石的有效依据。

5. 抗压缩强度和热膨胀率

钻石具有很强的抗压强度。人们常利用钻石的这种能力制造超高压力环境的设备，来进行高温高压的材料研究。

钻石还具有另一个显著的特性，即具有异常的热膨胀率。温度的变化对它的体积变化影响很小，不会因为热胀冷缩而产生破裂。

二、钻石的化学性质

1. 钻石的化学性质稳定

一般情况下，钻石对所有的酸都是稳定的。但钻石受强碱、强氧化剂，如过氧化物长时间作用可有轻微腐蚀。

钻石在空气中 900℃时开始燃烧，发出蓝色光，600～650℃时表面出现雾状膜，后逐渐变小，所以镶嵌加工钻石时要小心，佩戴时也应注意。在一般情况下，任何化学物质对它都起不了作用，但某些化学物质在特定的条件下会对钻石产生侵蚀，如硝酸钾或硝酸钠在加热到 500℃以上时会对钻石产生腐蚀作用。

2. 钻石的石墨化

在研磨钻石时，经常会发现钻石表面有雾状疤痕，而且洗刷不掉。这就是钻石因为高温而引起的石墨化,这种疤痕也称烧灼痕。

一般而言,在空气中温度达到600~700℃时钻石开始缓慢地氧化,其表面形成暗淡无光的外层。在真空条件下,钻石只有到1 500℃左右才逐渐石墨化,2 000℃左右石墨化加剧,开始燃烧气化。利用激光对钻石进行切割、打孔所依据的就是钻石的这一特点。

三、钻石表面特性

水和油脂是两种互不相溶的液体。水分子易于被吸附在含氧物质表面,而油只是一种碳氧化合物,它更易被吸附在金属、塑料等材料表面。钻石由碳元素和大部分矿物组成,不同的是,它不会被水润湿,但钻石表面具有特殊的亲油性,所以极易吸附油脂。

正因为钻石所具有的这种"亲油斥水"的特性,所以极易沾上油污。用油性的墨水可轻易在钻石表面划上痕迹,反之不易沾上水。这种亲油性可用来在加工钻石时划线,并且也是钻石选矿的一种方法——油选法。有时在交易和佩戴过程中由于没有及时地清洗,钻石表面吸附上大量的油脂而变得失去光彩。

四、钻石的清洗与保养

钻石因具有极强的亲油斥水性,而易受到污染,可以通过珠宝店超声波清洁器清洁(先进行检验,防止钻石裂隙过大而造成破损);佩戴过程中,应防止与其他饰品摩擦而引起刮花;要单独存放,不能碰撞,以免破坏钻石。

学习单元2 钻石的光学、电学性质

> 熟悉钻石的光学、电学性质。

一、钻石的光学性质

1. 折射率和色散性

光在空气中运行的速度是在钻石中运行速度的2.417倍,钻石的折射率$N=2.417$,

在透明矿物中最高。折射率越高，意味着光线在宝石中传播速度越慢，受到的阻力越大，因此反射光的能力就越大。

钻石的折射率在宝石中虽然不是最高的，但在标准切割的琢型下，最能体现钻石的明亮程度，即达到对光的全内反射，使钻石有一个明亮的外表。

把白光分解成光谱色（红、橙、黄、绿、青、蓝、紫）的能力称之为色散。一般来讲，折射率越高而色散越强。钻石的色散值是0.044，在宝石中并不是最高的，但这种恰当的对白光的分解能力，使钻石表面产生一种五彩的光芒，我们称之为火光。

2. 发光性

钻石在高能量射线（如紫外光）照射下可以产生不同的色光。照射停止后，钻石还能继续发光一段时间，称为磷光。自古人们传说有"夜明珠"的宝物，其中可能就有发磷光的钻石（白天受阳光的紫外光照射，夜晚继续发光）。

多数钻石在紫外线照射后可发出无至强的蓝白色为主的荧光。

3. 光泽

钻石属金刚光泽，为透明矿物中光泽最强的，正是这种特性使钻石光亮夺目。

从以下几个例子可以了解折射率与光泽的关系：钻石（2.417），锆石（1.98）皆属金刚光泽；蓝宝石（1.77），水晶（1.54）皆属玻璃光泽，锆石因折射率高，是典型的仿钻宝石。

4. 光性

钻石为光性均质体，这一特征对鉴定钻石极为有用。

5. 全反射

钻石能产生全反射，即光线进入宝石，当投向另一界面时，不再穿过界面，而是全部反射回原介质（空气）中。人们可以看到钻石内部好像有无数个镜面反光，亮光闪闪。

二、钻石的电学性质

天然钻石，除了蓝色钻石是半导体之外，均不导电，而且没有磁性。在自然界中绝大多数钻石都是绝缘体，也就是说它们不导电。钻石越纯净，晶格越完美，则其绝缘性能就越好。可是天然蓝色钻石因为含硼，而成为一种半导体。人工辐射也能使其他类型的钻石变成蓝色，鉴别方法就是测试两者的导电性，前者是半导体，而后者是绝缘体。此外，大多数黑色钻石都具有较好的导电性。有的合成钻石可能具有导电性或者导热性。

学习单元3　钻石的分级常识

学习目标

➢掌握钻石的分级常识。

知识要求

钻石具有宝石所具有的所有性质：美丽、耐久、稀少。在自然界中钻石之间的品质区别很大，没有两颗钻石是完全相同的，它们之间的差异导致了价格上的分化。人们在选购钻石时，除了鉴别真假钻石外，最重要的是考虑它的价格。我们说品质决定价格，但如何对钻石的品质进行统一的评判呢？它的标准是什么？长久以来这一直是困扰钻石业的一个问题。首先在钻石消费量最大的美国，产生了钻石4C概念。20世纪50年代，美国宝石学院提出了现代钻石设计的术语和概念，认为要全面正确地评价钻石的品质，只有通过对钻石的大小、颜色的好坏、净度的差异和切工的优劣四个方面判定来确定钻石的品质。因为英文中颜色（Colour）、净度（Clarity）、切工（Cut）、质量（Carat weight）都由字母"C"起头，所以简称为4C。概括地说，4C分级反映钻石的品质和外观，反映钻石的稀有性和价值，是对钻石价值的全面描述。

4C概念已为全世界所认同和接受，并且形成了以4C评价钻石品质的实用技术。对钻石基本一致的分级标准和较为统一的品质术语，使得一颗钻石在世界各个角落都会得到一个基本相同的评判，这大大增强了消费者对钻石的信任感，促进了全球的钻石贸易。

一、颜色（Colour）

钻石的颜色是由于钻石对可见光具有选择性吸收引起的。钻石有各种各样的颜色，从简单的色调到浓郁的色彩，都会出现，但大多数钻石只带有很浅的颜色或接近无色。在一般消费者眼中，钻石是无色透明、晶莹剔透的宝石，但专业人员却要区分钻石之间存在的颜色微小差异，这就是颜色分级。

在宝石级钻石中，带有黄色色调的最多，这类钻石被称为无色到微黄色系列或开普系列的钻石，是颜色分级的主要对象。

二、净度（Clarity）

钻石的净度是指钻石的纯净、透明无瑕的程度。天然形成的钻石通常带有各种各样的"瑕疵"，它们有的是在钻石晶体生长过程中被包含到钻石之中的，称为包裹体，有的是在晶体长成之后产生的。这些"瑕疵"可在不同程度上影响钻石的干净程度和外观的美感。由于钻石的自然生长过程极为复杂，钻石不含异物几乎是不可能的，所以纯净的钻石不仅美丽而且稀少。

三、切工（Cut）

钻石切工是指钻石加工工艺整个流程的总称。在钻石的品质评定中加工要素与其他三个要素即质量、净度、颜色不同，它与钻石的稀有性基本无关，而与钻石外观美丽的程度密切相关。

我们说亮度、火光、闪光是钻石展示美丽的基本原因，也称为"三要素"。而一颗切割完美的钻石要能最大限度地体现这种亮度、火光和闪光。

四、质量（Carat weight）

钻石的质量是一个和稀有性有关的因素。自然产出的钻石在原生矿和次生矿矿床里，绝大部分颗粒都很小，超过 1 ct 的钻石只占钻石总产量中很小的一部分。

钻石越大就越稀少，价值也就越高。世界名钻几乎都是以无可比拟的质量为世人瞩目。

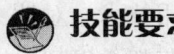 技能要求

钻石观察识别

无色钻石与相似仿制品合成立方氧化锆或水晶或蓝宝石的肉眼观察方法。

操作准备

工具准备：镊子、铅笔、白纸、10 X 放大镜、宝石灯。

操作步骤

步骤 1　火彩识别

（1）合成立方氧化锆硬度较高，折射好，在转动时会反射较强的彩光，与钻石在转动时反射出较柔和的黄、蓝色彩光相比，有明显的差别。

（2）水晶、蓝宝石的火彩相比钻石的火彩都要弱些。

步骤2　导热性识别（炎热的夏季环境或室温环境下除外）

在待测钻石和其他相似物品上同时呼一口气，若是钻石则其表面凝聚的水雾应比合成立方氧化锆或水晶或蓝宝石上的水雾蒸发得快，这是因为钻石具有高导热性的原因。

步骤3　放大观察

（1）用放大镜可观察到钻石的腰围处呈现一种很细的磨砂状并有亮晶晶的反射光（常称为"砂糖状"），钻石的这种特征是独一无二的。

（2）钻石边棱角无双影现象，棱线笔直锋利，刻面与刻面之间棱线交于一点。而水晶或蓝宝石边棱角有双影现象，此外，合成立方氧化锆或水晶或蓝宝石棱线有破损，刻面与刻面之间棱线不能交于一点。

步骤4　透视划线法识别

用笔在白纸上画一条直线，将标准圆钻台面朝下放在线条上，能看见线条的不是钻石，无法看见的是钻石，因为钻石具有高色散性现象。

注意事项

如钻石腰部进行了抛光，则以上所称的"砂糖状"现象将消失；如果合成立方氧化锆、蓝宝石、水晶加工工艺特别精良，也没有磕碰受损，则理论上讲棱线可能笔直锋利，刻面与刻面之间棱线可能交于一点。因此对于钻石的准确识别，还需要借助于专业的鉴定仪器，通过检测其他数据进行确定。

第 8 章

常见珠宝玉石

第 1 节　常见宝石　　　　　　　　　　　/138
第 2 节　常见玉石　　　　　　　　　　　/160
第 3 节　常见有机宝石和人工宝石　　　　/180

从广义的宝石概念分析，地球上蕴藏着不同的矿物都可以称之为宝石，但按其美丽、耐久和稀少性来讲，用做宝石的矿物或矿物集合体仅几百种。其中，有些或因硬度过低易产生磨损，或因韧性不好无法加工，并不适合作为首饰宝石加工和佩戴，仅为收藏赏玩之用；还有一些产出稀少，即使专业人员也难得一见。实际上，市场上常见的用于首饰或工艺品的宝石品种只有30余种。钻石、红宝石、蓝宝石、祖母绿、猫眼石合称为五大珍贵宝石，有的国家增加了变石和翡翠，称为七大珍贵宝石，也有国家将珍珠列为"宝石皇后"。不同的时代，不同的国家和民族，对宝石的欣赏和偏爱程度是不同的，出现了很多关于宝石的神话故事，也有一些带有不科学的、甚至于带有宗教迷信色彩的医疗保健或其他功能性的传说，这些只能作为一种文化习俗来对待，没有科学依据。营业员在销售过程中应该对顾客正确说明，防止误导。

第 1 节　常见宝石

学习单元 1　刚玉族宝石

学习目标

➢ 了解刚玉族宝石基本常识。
➢ 熟悉红宝石、蓝宝石的形成与产地。
➢ 掌握红宝石、蓝宝石基本物理性质。
➢ 能够进行红宝石、蓝宝石与相似宝石的识别。

知识要求

一、刚玉族宝石基本常识

1. 刚玉族宝石基本分类

刚玉是一种矿物名称，英文名称为 Corundum。刚玉矿物中，达到宝石级的刚玉称为刚玉族宝石。

刚玉族宝石包括红宝石和蓝宝石两大宝石种类，其中红色者（中等深浅的红色到暗红至紫红）称红宝石，其他颜色者统称蓝宝石，包括粉红色的也是蓝宝石，它们是世界上公认的两大高档宝石。高档的红宝石其价值与优质的钻石不相上下。人们认识和使用红、蓝宝石有几千年的历史了，在圣经和古印度的梵文（一种很古老的古印度语）作品中就已经有所记述。古代的人还认为红、蓝宝石可以入药，相传红宝石粉可以治疗消化道疾病，蓝宝石可以用来治疗眼疾。一般来说，红宝石的价值要较蓝宝石高，质量相近的红宝石是蓝宝石价格的三倍以上。

2. 刚玉族宝石基本性质

刚玉族宝石基本性质见表8—1。

表8—1　　　　　　　　　　刚玉族宝石基本性质

化学成分	氧化铝，还含有一些微量成分，主要是：铬、铁和钛。刚玉的形成没有金刚石要求的条件严格，它不需特殊的高压，但是要求较高的温度，一般要400~500℃以上
颜色	因为含有不同的微量元素而致色，刚玉颜色丰富多彩。常见的颜色有：红色、蓝色、黄色、绿色、褐色、黑色、橙色、紫色和几乎无色的，而且每一种颜色的饱和度和深浅变化也很丰富，有时甚至是两种颜色的过渡。商业上刚玉族宝石也是根据颜色的不同来分类的：红色的刚玉族宝石叫做红宝石，除红色系以外所有颜色的刚玉族宝石都叫做蓝宝石（包括粉红色）或除红色、蓝色之外称为彩色刚玉。蓝宝石的叫法也有讲究，蓝色的蓝宝石可直呼其为"蓝宝石"，而其他颜色的蓝宝石则可在蓝宝石名字后注明颜色，但不可以参与定名，如紫色的不可称紫色蓝宝石，只能称蓝宝石
硬度和光泽	为摩氏硬度9级，是摩氏硬度表中仅次于钻石的第二高硬度物质。正是由于这一特性，光泽十分强，它的光泽达到了强玻璃光泽至亚金刚光泽。常常观察刚玉族宝石的人往往可以只凭光泽的强度就能判断一颗宝石是否是刚玉族宝石，即便它的颜色接近黑色且完全不透明
密度	4.00（±0.05）g/cm^3
折射率	折射率较高，达到了1.762~1.770。当琢磨质量很好时，可以产生全内反射光泽，亮度很好，从台面可以看到十分亮丽的体色
双折射率	0.008~0.010
透明度	透明度很好，几乎都是透明的，只有极少数因为颜色太深或内部包裹体过多的影响为半透明
多色性	强二色性，用二色镜可以很方便地观察到，若仅用肉眼则较难观察。经验丰富的人可以在不同方向上观察到颜色的变化，如有的从台面看是正红色的，而从腰棱方向看是橙红色的。所以说工匠在切磨红、蓝宝石时要注意台面的方向性，尽量使台面的颜色最艳丽
特殊光学效应	可见星光效应，其星光是六射星光。星光红宝石、蓝宝石是最常见的星光宝石，也是价值较高的宝石
放大观察	色带及生长线，常见针状、指纹状包裹体

二、红宝石

1. 红宝石的形成与产地

红宝石（ruby），矿物名称为刚玉，取决于其中含铬的含量。由于晶体常出现双晶，因而容易产生裂缝，含铬量增加，红宝石的颜色会加深，其内含物金红石可产生丝质外观或弧面形可见星光效应，加热或辐射可除去金红石，改变透明度和颜色。

红宝石的英文 ruby，源自拉丁语 ruber，意为"红色"，中国古代曾译为"红刺"等。在梵语中，红宝石还有许多溢美的名字，说明当时印度民族对它十分珍爱。

缅甸自古有一传说，认为红宝石是龙王产下的第三个蛋孵出的，是神赐礼物。红宝石也是热情和力量的象征。

红宝石分布在成因不同的岩石中，多产于高温和富铝缺硅环境中，可以是与火山活动有关的岩浆岩，也可以是与气成热液有关的变质岩，而外生残、坡积砂矿则是宝石级红宝石的重要来源。

世界红宝石产地主要是东南亚及周边地区和非洲东部，包括肯尼亚和坦桑尼亚等地区。天然产出宝石级原石仅占矿石的1%，其中：

缅甸——缅甸红宝石其红色的最高品级称为"鸽血红"。红宝石以鸽血红最为名贵，已知最大鸽血红红宝石重55克拉，最大红宝石产于缅甸，重 3 450 ct。

泰国——泰国也是红宝石的重要产出国和交易中心，世界上近70%的高质量红宝石产自泰国。泰国红宝石含铁量高，颜色较深，透明度较低，多呈暗红色、棕红色。

斯里兰卡——斯里兰卡红宝石以透明度高、颜色柔和而闻名于世，而且颗粒较大。

中国——中国红宝石主要发现于云南、安徽、青海等地，其中云南红宝石稍好。但是裂理发育、包裹体和杂质含量较高，绝大多数只能用做弧面宝石，具刻面宝石质量的原石少见。

2. 红宝石的基本物理化学性质

红宝石基本性质见表8—2。

表8—2　　　　　　　　　　　红宝石基本性质

化学成分	红宝石的基本化学成分是氧化铝，还含有一些微量成分，主要是铬
颜色	常见的颜色有红色，饱和度和深浅变化也很丰富，有时甚至是两种颜色的过渡色
硬度和光泽	红宝石的硬度很高，为摩氏硬度9，仅次于钻石，是自然界硬度第二高的物质。正是由于这一特性，红宝石的光泽十分强，它的光泽达到了强玻璃光泽至亚金刚光泽。常常观察红宝石的人往往可以只凭光泽的强度就能判断一颗宝石是否是真的红宝石，即便它的颜色是接近黑色的且完全不透明
密度	4.00（±0.05）g/cm^3
折射率	红宝石的折射率也是较高的，达到了1.762～1.770。因此，当它的琢磨质量很好时，可以产生全内反射光泽，亮度很好，从台面可以看到十分亮丽的体色
双折射率	0.008～0.010
透明度	红宝石的透明度很好，几乎都是透明的，只有极少数因为颜色太深或内部包裹体过多而呈现半透明
多色性	红宝石有着强二色性，强弱取决于红宝石的颜色，用二色镜可以很方便地观察。一般可呈紫红～橙红等，若只用肉眼则较难观察。经验丰富的人可以在不同方向上观察到颜色的变化，如从台面看是正红色的，而从腰棱方向看是橙红色的。所以说工匠在切磨红宝石时要注意台面的方向性，尽量使台面的颜色最艳丽

	续表
特殊光学效应	红宝石的特殊光学效应是星光效应,其星光是六射星光。星光红宝石是最常见的星光宝石,也是价值较高的宝石,猫眼效应稀少
放大观察	常见丝状物,针状包裹体,气液包裹体,指纹状包裹体,雾状包裹体,负晶,晶体包裹体,生长纹,生长色带,双晶纹

3. 红宝石的基本品质评价

红宝石的品质评价主要依据颜色、质量、透明度、净度、切工。经济评价的首要因素就是颜色,其次是质量、透明度和净度。

(1) 颜色。红宝石颜色最好的被称为"鸽血红",即颜色红得像鸽子的血一样,红中带艳,当然真正的鸽血红宝石十分稀少。红宝石以 A 类("鸽血红"色)最佳,其次是 B 类(鸽血玫瑰红色),再次是 C 类(玫瑰红色),最后是 D 类(浅玫瑰红色)。

(2) 质量。红宝石的质量单位和钻石一样,也是克拉(ct)。1 ct 的红宝石已不多见,大于 5 ct 的已属罕见。

(3) 净度。红宝石由于普遍含有明显的内含物,净度评价标准较低,一般没有肉眼可见的内含物就算品质较好。若肉眼可见但不十分明显,而且也不会影响宝石的牢固度,也可以接受。

(4) 透明度。红宝石因净度不高,对其透明度要求也并不高,而且对于星光红宝石而言半透明甚至不透明的效果更好,在保证净度不受影响的情况下,透明度越高越好。

(5) 切工。红宝石在切工上非常讲究,其折射率较钻石低,因此,若要红宝石产生全内反射,亭部角度要比钻石大,也就是说亭部要比钻石深才行;星光红宝石要求产生星光效应,必须切成弧面形。弧面高度要合适,太低了星线会模糊,太高了会影响美观。

总之,红宝石主要评价为:颜色是否纯正(无不受欢迎的色彩或色调,如红宝石中的灰色调)、净度是否好(无或少瑕疵、包裹体、色带、条纹等)、色是否均匀,透明度是否高,各部分加工比例是否合乎规定,抛光面是否平整、光滑,款式是否新颖,质量是否在 0.3 ct 以上(做戒面要用 0.3 ct 以上,小于 0.3 ct 的仅可做群镶首饰。红宝石超过 5 ct 的罕见,要单独论价)。

4. 红宝石的保养与清洁

红宝石可用专业的超声波清洁器清洁(须先检验是否有裂隙,防止破损),或用温性的中性洗涤剂浸泡清洗;与其他宝石分开存放,避免碰撞,防止破损。

三、蓝宝石

1. 蓝宝石的形成与产地

蓝宝石（sapphire），矿物名称为刚玉，取决于含微量元素钛和铁。大多数蓝宝石颜色分布不均匀，形成同心圆色带，在加热和辐射条件下，蓝宝石的颜色和透明度会发生变化。

蓝宝石的英文 sapphire，来自拉丁语 sapphirus，意为"对土星的珍爱"。中国古代也有称蓝宝石为"瑟瑟""萨弗耶"，就是外文的音译。蓝宝石是冷静与智慧的象征，蓝宝石在欧美国家有着崇高的地位，在欧洲蓝宝石蓝色被誉为"皇家蓝"，美国人也将蓝宝石定为"国石"，在英国"不爱江山爱美人"的温莎公爵曾将蓝宝石戒指作为定情物赠与心爱的夫人，从此蓝宝石也作为坚贞爱情的信物流传至今。

蓝宝石的形成与红宝石相似，因含不同显色杂质导致颜色丰富。结晶初期从氧化铝过饱和的岩浆熔融体中形成，有些矿中同一晶体常常一部分为蓝色，另一部分为黄绿色，形成双色蓝宝石。

世界蓝宝石产地主要是东南亚及周边地区和澳大利亚、美国、非洲东部，包括肯尼亚和坦桑尼亚等地区。其中：

（1）克什米尔蓝宝石。颜色呈矢车菊的蓝色，也就是艳蓝色中带一点点紫。其中颜色明度大、色鲜艳的，属于蓝宝石中的高档品；有雾状的包裹体的具乳白色反光效应，属优质的蓝宝石品种。但由于矿区位于喜马拉雅山脉的西北端，海拔 5 000 多米，终年被雾笼罩，近几年没有产出。

（2）缅甸抹谷蓝宝石。呈微紫蓝色，蓝色鲜艳，琢磨成弧面宝石后可呈现六射或十二射星光。

（3）斯里兰卡蓝宝石。呈暗淡的灰蓝色至浅蓝紫色，颜色分布不均，有色带条纹等，但光彩明亮，琢磨成弧面宝石后可呈现六射星光。斯里兰卡产的重达 950 ct 的蓝宝石晶体是迄今发现的最大蓝宝石。

（4）泰国蓝宝石。呈深蓝色、淡灰蓝色、略带紫色调的蓝色，颜色较深，透明度较低。

（5）中国蓝宝石。20 世纪 80 年代在中国东部沿海一带的玄武岩中，相继发现了许多蓝宝石矿床，因其颜色较深，属于一般蓝宝石。其中以山东（昌乐）蓝宝石质量最佳，粒径较大，一般在 1 cm 以上，包裹体、裂隙不多。

（6）澳大利亚蓝宝石。澳大利亚是产量丰富的蓝宝石产地。但由于铁的含量高，宝石颜色暗，多呈近于炭黑的深蓝色、黄色、绿色或褐色，其宝石特点与泰国、中国相同，均需改色后才能使用。1948年在澳大利亚发现的"昆士兰黑星蓝宝石"重733 ct，被称为世界最大的星光蓝宝石。

2. 蓝宝石的基本物理化学性质

蓝宝石基本性质见表8—3。

表8—3　　　　　　　　　　　　蓝宝石基本性质

化学成分	蓝宝石的基本化学成分是氧化铝，还含有一些微量成分，含铁和钛的刚玉大多呈蓝色
颜色	常见的颜色有：蓝色、黄色、绿色、粉色、黑色、橙色、紫色、灰色和几乎无色的，而且每一种颜色的饱和度和深浅变化也很丰富，有时甚至是两种颜色的过渡。蓝宝石的叫法也有讲究，各种颜色的蓝宝石可直呼其为"蓝宝石"，不需要在"蓝宝石"三字前加注其体色，如黄色的蓝宝石的正确名称应为"蓝宝石"，而不同颜色可体现在描述中
硬度和光泽	与红宝石相似，蓝宝石的硬度很高，为摩氏硬度9级，是摩氏硬度表中仅次于钻石第二高的物质。正是由于这一特性，蓝宝石的光泽十分强，它的光泽达到了强玻璃光泽至亚金刚光泽。常常观察蓝宝石的人往往可以只凭光泽的强度就判断一颗宝石是否为蓝宝石，即便它的颜色是接近"黑色"的且完全不透明
密度	4.00（+0.10，-0.05）g/cm^3
折射率	蓝宝石的折射率也是较高的，达到了1.762~1.770。因此，当它的琢磨质量很好时，可以产生全内反射光泽，亮度很好，从台面可以看到十分亮丽的体色
双折射率	0.008~0.010
透明度	蓝宝石的透明度很好，几乎都是透明的，只有极少数因为颜色太深或内部包裹体过多而呈现半透明
多色性	蓝宝石的二色性强，用二色镜可以很方便地观察到，若用肉眼则较难观察。多色性强，蓝色：蓝~绿蓝；绿色：绿~黄绿；黄色：黄~橙黄；橙色：橙~橙红。经验丰富的人可以在不同方向上观察到颜色的变化，如对蓝宝石（蓝色）一般从台面看是纯蓝的，而从腰棱方向看是绿蓝色的。所以说工匠在切磨蓝宝石时要注意台面的方向性，尽量使台面的颜色最艳丽
特殊光学效应	可见星光效应，其星光是六射星光，少见双星光，变色效应稀少
放大观察	常见色带，指纹状包裹体，负晶，气液两相包裹体，针状包裹体，雾状包裹体，丝状包裹体，固体矿物包裹体，双晶纹

3. 蓝宝石的基本品质评价

蓝宝石的品质评价主要依据是颜色、质量、净度、透明度、切工。经济评价的首要因素就是颜色，其次是质量、净度和透明度。

（1）颜色。一类高品质蓝宝石是以"克什米尔"蓝宝石（矢车菊蓝色）为代表；其次是以缅甸抹谷产的深蓝色优质蓝宝石为代表，以浓艳的色彩和纯正程度为标准。

（2）质量。1 ct以上的优质蓝宝石并不少见，因此蓝宝石质量越大越好。

（3）净度。蓝宝石对于净度的评价有着不同的要求，如有些蓝宝石因内部含有金红石包裹体，对光有干涉作用，使表面产生绢丝光彩，也是极富价值的高品质宝石。蓝宝石净度比红宝石要好，要求更高，一般要求肉眼观察纯洁无瑕。

（4）透明度。蓝宝石相比红宝石杂质要少，一般要求透明度越高越好。

（5）切工。与红宝石评价要素一致。

总之，蓝宝石主要评价为：除质量以外，与红宝石评价要素一致。蓝色蓝宝石品质按产地划分顺序大致是：克什米尔、缅甸抹谷、柬埔寨拜林、斯里兰卡、泰国、美国蒙大拿、中国山东、澳大利亚新南威尔士。

4. 蓝宝石的保养与清洁

蓝宝石的保养与清洁要求与红宝石一致。

 技能要求

红宝石的识别

红宝石与相似的玻璃，合成立方氧化锆的肉眼观察方法。

操作准备

工具准备：镊子、10 X 放大镜、二色镜、宝石灯。

操作步骤

步骤1　颜色、透明度、火彩观察

（1）红宝石颜色不刺眼，看上去很舒服。

（2）玻璃颜色较明亮，透明度高。

（3）合成立方氧化锆火彩强，透明度高。

步骤2　多色性观察

（1）红宝石有二色性。

（2）玻璃、合成立方氧化锆均无二色性。

步骤3　放大观察

（1）红宝石可见金红石针状包裹体、色带、流体状包裹体，裂隙多。

（2）玻璃表面常有划痕，内部常可见少量气泡。

（3）合成立方氧化锆可见面包渣状氧化锆残余等。

注意事项

红宝石二色性要从不同的角度观察。

蓝宝石的识别

蓝宝石与相似的玻璃、合成立方氧化锆的肉眼观察方法。

操作准备

工具准备：10 X放大镜、镊子、二色镜、宝石灯。

操作步骤

步骤1　颜色、透明度、火彩观察

（1）蓝宝石的蓝色给人一种自然、和谐的感觉，蓝色分布不一致。

（2）玻璃的蓝色呆板、浓艳，并且颜色分布均匀一致。

（3）合成立方氧化锆火彩强，透明度高。

步骤2　多色性观察

（1）蓝宝石有二色性。

（2）玻璃、合成立方氧化锆均无二色性。

步骤3　放大观察

（1）蓝宝石表面光滑，内部可见指纹状包裹体，气液两相包裹体。

（2）玻璃的表面经常可见划痕，内部常可见少量气泡。

（3）合成立方氧化锆通常洁净，可含未熔氧化锆残余，有时呈面包渣状、气泡。

注意事项

蓝宝石二色性要从不同的角度观察。

学习单元2　绿柱石族宝石

学习目标

➢了解绿柱石族宝石的基本常识。

➢熟悉祖母绿、海蓝宝石的形成与产地。

➢掌握祖母绿、海蓝宝石基本物理性质。

➢能够进行祖母绿、海蓝宝石与相似宝石的识别。

知识要求

一、绿柱石族宝石基本常识

1. 绿柱石族宝石基本分类

绿柱石族宝石（Beryl），矿物名称为绿柱石。绿柱石族宝石是宝石家族中的重要一族,祖母绿是其中最为著名的高档宝石。另外,海蓝宝石也是市场上的主要中低档宝石品种。

德文的眼镜 brille 即从 beryl 延伸而来,因为最早的眼镜片是用无色的绿柱石磨成的。绿柱石族宝石主要是依照其颜色作为分类的标准之一。

(1) 祖母绿。以铬或铁元素为致色特征,具有翠绿颜色的绿色绿柱石,可略带黄或者蓝色色调,其典型特征是光谱中具有铬吸收谱线。

(2) 海蓝宝石。指天蓝色至绿蓝色的绿柱石,其颜色由铁离子所致,一般颜色较浅。

(3) 黄色绿柱石。绿黄色至棕黄色的绿柱石,其颜色也为铁致色。

(4) 粉色绿柱石。橙红色至淡紫红色的绿柱石,其颜色多由锰致色。有些绿柱石还含有铯离子,由铯离子所致色的粉红色的绿柱石,称铯绿柱石或粉色绿柱石,也称摩根石。

2. 绿柱石族宝石的基本性质

绿柱石族宝石基本性质见表 8—4。

表 8—4　　　　　　　　　　绿柱石族宝石基本性质

化学成分	铍铝硅酸盐,次要成分有铬、铁等,可含锰、锂、钒等元素
颜色	绿柱石族宝石的颜色是很丰富的,主要有无色、绿色、天蓝色、蓝色、金黄色、黑色、粉红色、棕色等,粉红色的可称"摩根石"
硬度和光泽	绿柱石族宝石的硬度较大,为摩氏硬度 7.5~8,足以抵抗灰尘的磨蚀。因此,绿柱石族宝石在正常使用的情况下可以长久地保持表面的光泽,这也是高档宝石所必须具有的特性。但绿柱石族宝石通常较脆,特别是祖母绿,为了防止祖母绿在镶嵌时尖角被压碎,人们发明了"祖母绿型"的阶梯形切工款式,专门用于祖母绿等脆性大的宝石 绿柱石族宝石的硬度是五大宝石中最低的,因此,其光泽也相对较低,一般是玻璃光泽,有些抛光极好的宝石可以达到强玻璃光泽。事实上,绿柱石族宝石的美丽并非体现在光泽上,而是主要体现在颜色上
密度	2.72 (+0.18,-0.05) g/cm^3
折射率	绿柱石族宝石的折射率为 1.577~1.583,在宝石中属于一般,因此,不能指望绿柱石族宝石经切磨后产生强烈的内反射光泽
双折射率	0.005~0.009
透明度	绝大多数绿柱石族宝石的透明度都很好,为全透明,极少数因为内部包裹体太多而呈现半透明,多为祖母绿
多色性	绿柱石族宝石的多色性为中等的二色性,至少仅用肉眼是看不到的,但用二色镜就可以清楚地观察到,祖母绿一般为蓝绿色~黄绿色,海蓝宝石为浅蓝色~无色。所以在切割绿柱石族宝石时与红、蓝宝石一样,要注意颜色的方向性
特殊光学效应	绿柱石族宝石偶尔有星光效应,常有猫眼效应。海蓝宝石常见这些效应,祖母绿则十分少见
放大观察	可含固体矿物包裹体、气液两相包裹体,或管状包裹体

二、祖母绿

1. 祖母绿的形成与产地

祖母绿（Emerald），矿物名称为绿柱石，取决于含铬和钒。祖母绿是含有大量铬的绿柱石，祖母绿的产出不需要特别高的温压，但也严格受地质条件的限制，形成条件苛刻，在气成热液环境中生成，附近需要有铬的来源。晶体中常有炭质黑色包体。

祖母绿英文名 Emerald，象征着善良、仁慈和忠诚。祖母绿的使用可以追溯到古希腊和波斯时代，而最喜爱祖母绿的莫过于古罗马人。古罗马人认为祖母绿对眼睛有好处，对着祖母绿注视几分钟可以恢复眼睛的疲劳。从现代医学角度上来讲也不无道理，人眼看绿色物体能放松眼睛是公认的，而祖母绿是地球上最漂亮的绿色宝石，优质祖母绿的颜色让人过目难忘，而其他绿色宝石则相形见绌。可以说祖母绿是绿色宝石之王。优质的祖母绿价值连城，甚至超过钻石。

世界上祖母绿的主要产出国为哥伦比亚，其产量约占世界祖母绿总产量的 90% 以上，此外还有南非、印度、巴西、坦桑尼亚和赞比亚等。哥伦比亚的祖母绿被公认是世界上最好的，其颜色纯绿，少数为黄绿或蓝绿，晶体重十至几十克拉，巨大的可达几千克拉，不仅品质好，而且产量多。俄罗斯和南非的祖母绿品质也很好，颜色比哥伦比亚的稍淡，内部瑕疵较多。巴西和印度的产品品质较差，价格也低得多。

2. 祖母绿的基本物理化学性质

祖母绿基本性质见表 8—5。

表 8—5　　　　　　　　　祖母绿基本性质

化学成分	铍铝硅酸盐
颜色	浅至深绿色、蓝绿色、黄绿色、因含铬而呈晶莹的翠绿色，可略带黄色或蓝色调，柔和忧郁，铬的含量越高，绿色越深
硬度和光泽	摩氏硬度 7.5～8，玻璃光泽
密度	2.72（+0.18，-0.05）g/cm^3，因产地不同可稍有差异
折射率	1.577～1.583（±0.017）
双折射率	0.005～0.009
透明度	透明至半透明
多色性	中等至强，蓝绿、黄绿，受自身颜色深浅影响
特殊光学效应	猫眼效应、星光效应（稀少）
放大观察	三相包裹体（气—液—固）；两相包裹体（气—液）；矿物包裹体，裂隙常较多发育

3. 祖母绿的基本品质评价

祖母绿的品质评价主要依据颜色、净度、透明度、切工、质量、特殊光学效应等。

（1）颜色。祖母绿颜色最好的是那种浓艳的翠绿色中加一点点蓝色调，那种绿色会让人过目不忘。正绿色和稍带点黄的草绿色也是非常好的，至于暗绿色、浅绿色则属于较差的颜色。

（2）净度。祖母绿的净度一般是不太好的，常见大大小小的裂隙和其他内部包裹体。因此，在对祖母绿进行净度评价时应适当降低要求，以肉眼不可见明显的包裹体为准。

（3）透明度。祖母绿的透明度有好有坏。有些透明度很好，清澈透明；有些则净度较差，看上去整颗宝石雾蒙蒙的。当然透明度好的为上品，透明度差的为次品。

（4）切工。祖母绿型切工就是专门为体现祖母绿这种以颜色为主、亮度为辅的宝石设计的，且符合祖母绿宝石脆性较强的特点。所以祖母绿和相似的其他绿柱石族宝石的首选切工款式就是祖母绿型。绿柱石族宝石的折射率较低，很难产生全内反射光。因此，宝石的亭部不必很厚，过深的亭部反而会使尺寸不大的宝石看上去厚重。

（5）质量。祖母绿很少超过 10 ct，其中超过 2 ct 的优质品已属少见，一般的刻面宝石大部分小于 1 ct。

（6）特殊光学效应。星光祖母绿要求星线漂亮，其他方面要求不高。

4. 祖母绿的清洁与保养

祖母绿韧度差、脆性强，不能放在超声波清洗机中清洗，不能与其他饰品存放，防止破损，不能在高温下佩戴和存放，要定期到珠宝店上蜡抛光保养。

三、海蓝宝石

1. 海蓝宝石的形成与产地

海蓝宝石（Aquamarine），矿物名称是绿柱石，是含大量铁元素的绿柱石，作为一种历史悠久的宝石，19 世纪，人们将海蓝宝石作为护身符庇护水手。海蓝宝石也有一些交织着期望和迷信的历史传说，长期以来它被认为是幸福和永葆青春的标志，人们相信能治疗眼疾。

海蓝宝石多为气成热液过程中的产物，优质的晶体多来自伟晶岩晶洞，是绿柱石家族中仅次于祖母绿的中档宝石，产出量较大，喜爱的人也较多。几乎所有上市的海蓝宝石都经过热处理，以便增色，但不能再进行热处理，否则可能变成无色。

巴西产优质海蓝宝石，除此以外，马达加斯加、缅甸、美国、俄罗斯、中国新疆阿尔泰和云南均产海蓝宝石。

2. 海蓝宝石的基本物理化学性质

海蓝宝石基本性质见表 8—6。

表 8—6　　　　　　　　　　海蓝宝石基本性质

化学成分	铍铝硅酸盐
颜色	绿蓝色至蓝绿色、浅蓝色，一般色调较浅
硬度和光泽	摩氏硬度 7.5～8。海蓝宝石在正常使用的情况下可以长久地保持表面的光泽。一般是玻璃光泽，有些抛光极好的宝石可以达到强玻璃光泽
密度	2.72（+0.18，-0.05）g/cm^3，因产地不同可稍有差异
折射率	海蓝宝石的折射率为 1.577～1.583（±0.017）。在宝石中属于一般，不能指望海蓝宝石经切磨后产生强烈的内反射光泽
双折射率	0.005～0.009
透明度	绝大多数海蓝宝石的透明度都很好，为全透明
多色性	海蓝宝石的多色性为弱至中等的二色性，至少仅用肉眼是看不到的。但用二色镜就可以清楚地观察到，一般为浅蓝色和无色
特殊光学效应	偶尔有猫眼效应
放大观察	液体包裹体，气液两相包裹体，三相包裹体，平等管状包裹体

3. 海蓝宝石的基本品质评价

决定海蓝宝石价值的主要因素是颜色和质量。国际上，超过几十克拉的海蓝宝石并不少见。世界上最大的天然晶体海蓝宝石来自中国新疆，重达 480 kg。

一般呈深海水蓝色的海蓝宝石较浅水蓝色的海蓝宝石价格高 30%～50%。此外，宝石的切工、刻面的多少、抛光是否精细等对海蓝宝石的价格也有微小的影响。

对海蓝宝石而言，有瑕疵的部分往往在加工时都已切除，故而瑕疵的影响很小，评价关键是蓝色纯正、加工精细。

4. 海蓝宝石的清洁与保养

海蓝宝石脆性强，不可用专业超声波清洗机清洗，可用温性的中性洗涤剂清洗，避免碰撞，单独存放，防止破损，远离高温，防止爆裂。

 技能要求

祖母绿的识别

祖母绿与相似的翡翠、绿色人造玻璃的肉眼观察方法。

操作准备

工具准备：镊子、10×放大镜、二色镜、宝石灯。

操作步骤

步骤1　颜色观察

（1）祖母绿具特有的翠绿色（丝绒质感）。

（2）人造玻璃一般颜色明亮。

（3）翡翠颜色一般分布不均匀。

步骤2　多色性观察

（1）祖母绿有二色性。

（2）人造玻璃没有二色性。

（3）翡翠二色性不可测。

步骤3　放大观察

（1）祖母绿裂隙多，可见气液包裹体、矿物包裹体。

（2）翡翠为多晶集合体，可见纤维交织结构，有"翠性"。

（3）人造玻璃常可见少量气泡。

注意事项

祖母绿二色性要从不同的角度观察。

海蓝宝石的识别

海蓝宝石与相似的蓝宝石、玻璃的肉眼观察方法。

操作准备

工具准备：镊子、10×放大镜、二色镜、宝石灯。

操作步骤

步骤1　多色性观察

（1）海蓝宝石有二色性。

（2）玻璃没有二色性。

（3）蓝宝石有二色性，较海蓝宝石强。

步骤2　放大观察

（1）海蓝宝石可见羽状或管状或雨丝状的液态包裹体。

（2）蓝宝石可见色带、指纹状包裹体。

（3）玻璃常可见少量气泡。

注意事项

宝石二色性要从不同的角度观察。

学习单元3　金绿宝石族宝石

> 了解金绿宝石族宝石的基本常识。
> 熟悉变石、猫眼的形成与产地。
> 掌握变石、猫眼的基本物理性质。
> 能够进行变石、猫眼与相似宝石的识别。

 知识要求

一、金绿宝石族宝石基本常识

1. 金绿宝石族宝石基本分类

金绿宝石族宝石（chrysoberyl），矿物名称金绿宝石，其英文由两部分构成，chryso和beryl，前者来自希腊语shryso，意为金黄色，后者就是绿柱石。这个名称高度概括了金绿宝石族宝石的颜色特征，一般是浅茶水色、蜜黄色或绿黄色。

金绿宝石族宝石中主要品种猫眼和变石是世界上重要的珍贵宝石，除猫眼和变石以外，金绿宝石族宝石中还包括金绿宝石，是指那些不具变色效应和猫眼效应的金绿宝石族宝石。其中，没有特殊光学效应、透明的金绿宝石族宝石也可以作为首饰宝石利用，可以见到一些浅黄绿色或棕绿色透明的金绿宝石，晶莹美丽，深受人们喜爱。据说，还曾有一种白蓝色者，就比猫眼和变石更稀罕，一般采用刻面琢型。

宝石学中，猫眼是专指具有猫眼效应的金绿宝石族宝石；变石是专指具有变色效应的金绿宝石族宝石，是一种含有微量铬元素、具有变色效应的金绿宝石族宝石。

2. 金绿宝石族宝石基本性质

金绿宝石族宝石基本性质见表8—7。

表8—7　　　　　　　　金绿宝石族宝石基本性质

化学成分	金绿宝石族宝石是铍铝氧化物，含少量的铁、铬和钛，矿物名称：金绿宝石
颜色	金绿宝石族宝石通常是带有各种色调的黄色，如黄绿色、黄褐色、灰绿色，有的甚至接近翠绿色、浅蓝色（稀少）

续表

硬度和光泽	摩氏硬度 8～8.5。金绿宝石族宝石的硬度很高,为摩氏硬度 8.5。由于它的高硬度,金绿宝石族宝石的光泽很强,为强玻璃光泽至亚金刚光泽
密度	3.73（±0.02）g/cm³,因产地不同可稍有差异
折射率	金绿宝石族宝石的折射率较高,为 1.746～1.755（+0.004,-0.006),由于其高折射率,它的刻面宝石可以呈现较强的内反射光亮,使整颗宝石亮度很高
双折射率	0.008～0.010
透明度	金绿宝石族宝石的透明度随品种的不同而不同,多为透明至半透明,少数不透明
多色性	金绿宝石族宝石的多色性为中等到强的三色性,弱至中、黄、绿和褐色,由于金绿族宝石的多色性较强,切磨时应注意台面方向
特殊光学效应	猫眼效应和变色效应是金绿宝石族宝石最著名的两种特殊光学效应。星光效应（极少）
放大观察	指纹状包裹体,丝状包裹体,透明宝石可显双晶纹,阶梯状生长面

二、变石

1. 变石的形成与产地

变石（Alexandrite），矿物名称是金绿宝石。变石产于白云母片岩和砂矿中，变石变色的形成原因从变石的吸收光谱中可找到解释。金绿宝石族宝石中变石对光有选择性的吸收现象，吸收橙～黄绿色的光，对红光及绿光则基本上不吸收，这样白天阳光中绿色波长的光较强，宝石便呈现绿色；晚上红色波长的光较强，宝石在灯光下便呈现出红色。

1830 年俄国的乌拉山脉发现一种会变色的宝石，即变石。这一天刚好是俄皇恺撒亚历山大二世的生日，所以就以俄皇的名字为其命名为 Alexandrite，因此，在市场上又被称为"亚历山大石"。

变石的颜色随环境的变化而变化，享有"白昼里的祖母绿、黑夜里的红宝石"的美誉。它是所有会变色的宝石中变色效应最好的宝石，因此，又叫做"变石"。和猫眼石的情况一样，只有金绿宝石变石才能直呼"变石"，而其他具变色效应的宝石必须注明其品种。

变石主要的产地是俄罗斯、斯里兰卡、巴西、马达加斯加和坦桑尼亚，能产生猫眼效应的变石的唯一产地是斯里兰卡。

2. 变石的基本物理化学性质

变石基本性质见表 8—8。

表 8—8　　　　　　　　　　　　　变石基本性质

化学成分	铍铝氧化物，含少量的铁、铬等元素
颜色	在日光下，它的颜色是翠绿色、黄绿色、褐绿色或灰绿色；而在灯光下，它的颜色变成紫红色、褐红色或橙红色
硬度和光泽	硬度很高，为摩氏硬度8~8.5。由于它的高硬度，光泽很强，为玻璃光泽至亚金刚光泽
密度	3.73（±0.02）g/cm^3，因产地不同可稍有差异
折射率	折射率较高，为1.746~1.755（+0.004，-0.006）。由于其高折射率，它的刻面宝石可以呈现较强的内反射光亮，使整颗宝石亮度很高
双折射率	0.008~0.010
透明度	透明
多色性	三色性强，绿~橙黄~紫红。由于多色性较强，切磨时应注意台面方向
特殊光学效应	变色效应，偶见猫眼效应
放大观察	指纹状包裹体，丝状包裹体

3. 变石的基本品质评价

变石的品质评价主要依据颜色、净度、透明度、切工、质量等。

（1）颜色。变石颜色评价较复杂，不但要求体色纯正，日光下要求越绿越好，灯光下要求越红越好，而且变色效应要明显，两种颜色反差要大。若能找到一颗日光下呈翠绿色，灯光下呈正红色的金绿宝石变石，也属于少见。

（2）净度和透明度。变石和金绿宝石族宝石一样，净度和透明度都是很好的。由于变石实在太珍贵了，即使有一点小毛病，也很有价值。猫眼变石为半透明至微透明。

（3）切工。变石被切磨成刻面宝石后，可以产生较强的亮度和很好的光泽。因此，要求切工尽量完美，对于猫眼效应的变石，应该切割成弧面形宝石。

（4）质量。0.3~0.4 ct属于中档品，重达几克拉的优质品价格可以与祖母绿和红宝石相当。

4. 变石的清洁与保养

变石硬度及韧性都比较好，可用超声波清洗机清洗，佩戴中要避免高温，避免碰撞，单独存放，防止破损。

三、猫眼

1. 猫眼的形成与产地

猫眼（cat's eye），矿物名称是金绿宝石。猫眼形成条件：宝石中含大量平行排列的包裹体，或宝石由纤维状、长柱状的矿物沿一定方向组成。包裹体可以是气液包裹体，纤维状、针状晶体（如金红石、电气石等）或晶体在生长过程中留下的管状、空洞，也可以是各种成因的片晶或宝石中一组定向的解理纹。宝石必须切磨成底面平行包裹体平面的弧面形，如两者不平行（有一定的角度），则猫眼的眼线位置不居中，甚至消失。

猫眼有"高贵的宝石"之美誉，在东南亚一带常被认为是好运气的象征，人们相信它会保护主人健康长寿，免于贫困。

猫眼产地有巴西、斯里兰卡、马达加斯加和印度。变石猫眼唯一产地是斯里兰卡。

宝石中具有最佳猫眼效应的就是金绿猫眼，呈现狭窄的瞳孔状、光滑。可以有多种颜色，最名贵的是绿黄或棕黄色，或称蜜黄色，也就是猫眼睛的颜色。只有金绿宝石的猫眼才能直呼"猫眼"，而其他具有猫眼效应的宝石必须注明其品种。

2. 猫眼的基本物理化学性质

猫眼基本性质见表8—9。

表8—9　　　　　　　　　　猫眼基本性质

化学成分	铍铝氧化物，含少量的铁、铬
颜色	通常是带有各种色调的黄色，如黄绿色、褐黄色、灰绿色、有的甚至接近蓝绿和紫褐色（稀少）
硬度和光泽	硬度很高，为摩氏硬度8～8.5。由于它的高硬度，光泽为玻璃光泽
密度	3.73（±0.02）g/cm^3，因产地不同可稍有差异
折射率	折射率较高，为1.746～1.755（+0.004，-0.006）
双折射率	0.008～0.010
透明度	半透明～微透明
多色性	三色性弱，黄～黄绿～橙
特殊光学效应	猫眼效应，变色效应
放大观察	指纹状包裹体，丝状包裹体，负晶

3. 猫眼的基本品质评价

猫眼的品质评价主要依据颜色、净度、透明度、切工等。

（1）颜色。以蜜蜡黄色为最佳，绿色、黄绿色次之，黄褐色、灰绿色和灰黄色再次。当光从侧面照射宝石时，猫眼半边为其体色，半边变成其他颜色，也是品质较好的表现。至于猫眼线，越亮越灵活越好；若有两至三根眼线，且在转动宝石时眼线会有开合现象的属于最好；若眼线不明显，中间断开，位置移动不明显则为次品。

（2）净度和透明度。金绿宝石族宝石的净度和透明度都很好，宝石内大多没有什么明显可见的内含物。但猫眼的净度和透明度不能以透明宝石的标准来衡量，若是太透明的猫眼，其眼线必定不佳，所以说对于猫眼的透明度和净度应辩证地看待，一方面希望它能干净一点，透明一点；另一方面又不能为过于透明而牺牲猫眼效应。一般来说，产于斯里兰卡的猫眼品质最好，但透明度往往不高，而产于巴西的猫眼拥有较好的透明度，同时有较好的眼线，这在其他产地是难以见到的。

（3）切工。猫眼的切工款式与刻面宝石不同，它必须被切磨成弧面形宝石，且宝石的长轴方向必须与内部丝状包裹体方向垂直，才能产生良好的眼线。另外，弧面的高度对眼线也有影响。一般说来，弧面越高，眼线越细越亮；弧面越低，眼线越粗越淡。但也不是越高越好，还要考虑外形的美观和受宝石原料自生形状的限制。另外，宝石的底部常常被留得很厚，其实没有必要，这样不但会影响镶嵌，而且由于增加了厚度，使其价格提高，影响销售。

4. 猫眼的清洁与保养

猫眼的清洁与保养要求与变石一致。

 技能要求

变石的识别

变石与相似的变色蓝宝石的肉眼观察方法。

操作准备

工具准备：镊子、10X放大镜、二色镜、二色镜、宝石灯。

操作步骤

步骤1　颜色观察

（1）变石在阳光下呈现绿色，在灯光下便呈现出红色。

（2）变色蓝宝石在阳光下呈现蓝色或灰蓝色，在灯光下便呈现出微红色或紫红色。

步骤2　多色性观察

（1）变石为三色性。

（2）变色蓝宝石为二色性。

步骤3　放大观察

（1）变石可见指纹状包裹体，丝状包裹体。

（2）变色蓝宝石可见指纹状包裹体，气液两相包裹体。

注意事项

宝石多色性要从不同的角度观察。

猫眼的识别

猫眼与相似的石英猫眼、玻璃猫眼的肉眼观察方法。

操作准备

工具准备：镊子、10×放大镜、二色镜、宝石灯。

操作步骤

步骤1　猫眼线观察

（1）用单光源从侧面照射，猫眼两侧的颜色不同。从左侧照蜜黄色的猫眼，左侧呈蜜黄色，而右侧呈乳白色；从右侧照射呈蜜黄色，左侧呈乳白色。

（2）石英猫眼质地较粗，线状反光不甚明亮，光线的边界也不清晰，眼线较宽、亮度较低，但也有质地细腻的。

（3）玻璃猫眼眼线尖锐，异常明亮。

步骤2　二色性观察

（1）猫眼有三色性。

（2）玻璃猫眼无多色性。

（3）石英猫眼有二色性。

步骤3　放大观察

（1）猫眼可见的指纹状包裹体、绢丝状包裹体有的是金红石，有的是空管。由于这些管状包裹体细长而且密集，所以猫眼效应特别明显，就是在漫射光源下也十分清晰，这是具猫眼效应的其他宝石所不能比拟的。

（2）石英猫眼的组成矿物为石英，可见石英内部平行排列的纤维状结构。

（3）玻璃猫眼在宝石侧面垂直光带的方向可观察到蜂窝状纤维结构，而且有时会出现2~3条亮带，有气泡。

注意事项

（1）宝石多色性要从不同的角度观察。

（2）观察宝石的猫眼效应应该注意在一个光源下观察。

 学习单元4 水晶

 学习目标

➢ 了解水晶的形成与产地。
➢ 掌握水晶的基本物理性质。
➢ 能够进行水晶与相似宝石的识别。

 知识要求

一、水晶的形成与产地

水晶（Rock Crystal），矿物名称是石英，是一种很古老的宝石。千百年来，水晶以其纯净、透明、坚硬的质地，被视为坚贞不屈、纯洁善良的象征。相传古罗马人在阿尔卑斯山中初得水晶时，以为它是由冰所变，甚为惊奇。中国古人更是认定水晶乃"千年老冰"，所以又赋予其"水精""水玉""玉晶""菩萨石""千年冰"等引人遐想的名字。

水晶化学成分为二氧化硅，在自然界分布非常广泛，中国东海盛产优质水晶。

水晶是从含氧和硅的溶液中结晶出来的，这些溶液可以是高温也可以是低温。在成长过程中，会受到周围其他矿石或周边环境的挤压，在压力作用下，会产生不同的裂隙。处于液态状的水晶，常常会包裹其他矿石、杂质等一起结晶生长，如金红石（发晶）、绿泥石（绿幽灵）等。正因为如此，才会形成多姿多彩的水晶。具有宝石价值的水晶均产在火山岩、伟晶岩或灰岩、页岩的晶洞中。

水晶受外界压力会产生电流，两端带电，具有压电效应；加热时会产生弱电荷，具有热电效应。

水晶的分类：水晶主要是按颜色分类，包括无色水晶、紫晶、黄晶、烟晶、绿水晶、双色水晶、芙蓉石（粉红至蔷薇红色）；其次，可按包裹体分为发晶、水胆水晶、幻影水晶、星光水晶、水晶猫眼。

巴西是世界上水晶最大产出国，号称"水晶之国"，占全世界出口量的90%。目前，中国紫晶大都是从巴西进口。其他产地分布在美国、法国、日本、印度、越南、缅甸、意大利、土耳其、加拿大、俄罗斯、澳大利亚、马达加斯加等。中国主要的水晶产地在江苏

东海、山西五台。

二、水晶的基本物理化学性质

水晶基本性质见表8—10。

表8—10　　　　　　　　　　　水晶基本性质

化学成分	二氧化硅，含微量的铁、钛、铝及其他元素
颜色	透明无色、紫色、黄色、烟色、绿色和粉红色为主要颜色，常常分布不均，部分表现色带、斑块，甚至有双色水晶。在水晶中还有一类特别的品种，这种宝石的颜色不是它的体色，而是其内部大量的有色包裹体给整颗宝石带来的颜色，如有金色针状包裹体的发晶，含电气石常呈灰黑色
透明度	水晶的透明度可能是所有宝石中最好的，尤其是无色的品种。只有紫晶中颜色太深的会呈现半透明的外观
硬度和光泽	摩氏硬度7，玻璃光泽
密度	2.66（+0.03，-0.02）g/cm^3
折射率	十分稳定，在1.544～1.553之间
双折射率	0.009
多色性	弱，颜色深浅变化
特殊光学效应	猫眼效应，星光效应（六射，常见于淡粉色石英中）
放大观察	色带，液体及气液二相包裹体，气、液、固三相包裹体，针状金红石、电气石及其他固体、负晶

三、水晶的基本品质评价

水晶的品质评价以颜色、透明度、净度和质量为依据。

1. 颜色

无色水晶以洁净晶莹为标准，有色水晶本身颜色要均匀、纯正、艳丽，紫晶和黄晶是水晶中价值较高的品种，两者进一步分级是颜色越深（但不深暗为标准）越好。此外取决于包裹体的颜色和形状，如无色水晶中包裹体形成的颜色和图案越漂亮，价值也越高。

2. 透明度

越透明越好。

3. 净度

一般情况下没有瑕疵的水晶很难得到，以越纯净越好，但在特殊情况下，包裹体形成特殊光学效应和组成美妙的图案则更为珍贵。

4. 质量

在同等颜色和净度条件下，越重价值越高。

四、水晶的清洁与保养

水晶可用温和的肥皂水或中性的溶剂浸泡清洗；水晶脆性大，不能用超声波清洗机清洗，遇灰尘不可擦拭，应用吹拂除尘，防止表面刮花；单独存放，防止碰撞摩擦；防高温、防腐蚀，避免强光直射。

技能要求

水晶的识别

水晶与相似的海蓝宝石、玻璃的肉眼观察方法。

操作准备

工具准备：镊子、10×放大镜、二色镜、宝石灯。

操作步骤

步骤1　二色性观察

（1）水晶有二色性。

（2）海蓝宝石有二色性。

（3）玻璃无二色性。

步骤2　放大观察

（1）水晶中通常有一定量天然杂质，常有星点状、云雾状和絮状分布的气液包裹体或组成矿物颗粒；包裹体呈棉絮状或针状，颜色分布不均匀，常伴有色带，横纹。

（2）海蓝宝石晶面上有纵纹，内部的包裹体为雨丝状。

（3）玻璃制品可见少量气泡和漩涡纹。

注意事项

宝石二色性要从不同的角度观察。

第2节 常见玉石

学习单元1　翡翠

学习目标

➢ 了解翡翠的形成与产地。
➢ 掌握翡翠的基本物理性质。
➢ 能够进行翡翠与相似宝石的识别。

知识要求

一、翡翠的形成与产地

翡翠（jadeite），矿物名称为硬玉，在矿物学上属于辉石类，是在地质作用过程中形成的以硬玉为主，其他辉石类矿物和少量闪石、常石类等矿物组成的达到玉石级的多晶集合体岩石。翡翠生成的地质条件严格，研究表明，要在一个高压低温的地质环境，温度约在150～300℃，优质翡翠围岩是高镁高钙低铁钠化程度高的岩石。这种环境中生成的翡翠品质良好。但现实并不都是理想的，不同成因的翡翠成矿可能经历多次不同的地质作用和热液活动，对翡翠品质产生了不同的影响，形成了不同品质的翡翠。

翡翠英文名 jadeite，源于西班牙语 plcdodejade 的简称，意为佩戴在腰部的宝石，在欧美翡翠称为硬玉。在中国古代，"翡翠"本来是二鸟名，羽毛美丽。翡，赤羽雀；翠，绿羽雀。翡翠在18世纪中叶由缅甸（当时属于清朝的藩国大理国境内）传入中原，并被人们逐渐接受。在翡翠的普及和流行进程中，有一个人起到了十分重要的作用——慈禧。慈禧十分喜爱翡翠，据说有一次一名进贡者奉献一枚大金刚石头饰和其他宝石，她唯独喜欢小而精美的"帝国绿"翡翠小人。凡有华人聚集的地方，翡翠就一定是当地珠宝首饰的主要品种，许多华人都有随身佩戴翡翠挂件的习惯，认为这样可以避邪和获得保佑。

翡翠虽然被中国人广为喜爱，但它的产地却不在中国。全世界最著名同时也是产量最大的翡翠产地在缅甸，靠近中缅边境。翡翠可以说是产地最少的宝石之一。目前，全世界除了缅甸之外，几乎没有什么有开采意义的产地。现在在国内外市场上出售的翡翠的成品和原石，多为缅甸出产的硬玉。日本、俄罗斯、墨西哥、美国加州虽然也产有硬玉，但其质量与产量均不如缅甸。

二、翡翠的基本物理化学性质

翡翠基本性质见表8—11。

表8—11　　　　　　　　　　翡翠基本性质

化学成分	硬玉 $NaAlSi_2O_6$，钠铝硅酸。由于它是多晶质集合体矿物，所以经常是成分不纯的，至于矿物中含多少钠铝硅酸岩可以称做翡翠，目前是宝石界争论的话题之一
颜色	丰富，主要是绿色，还有红色、黄色、紫色等。其他的颜色，如灰色、白色、无色、褐色、蓝色等也比较常见。可以说光谱中的大多数颜色可以在翡翠中找到。由于翡翠是多晶质集合体矿物，在一块翡翠上同时生成多种颜色也是常见的，单一纯色的翡翠不多见
硬度和光泽	纯的翡翠硬度较高，为摩氏硬度6.5~7。若有其他成分掺杂其中，硬度就会降低，有些所谓的"翠玉"（民间叫法就是纯度不高的翡翠）的硬度可能会低到摩氏硬度6。这就是为什么高档的翡翠经久耐磨，而中低档的翡翠往往在长时间使用后会出现磨损现象的原因。由于翡翠的结构是多晶质纤维交织状结构，其韧度很好，一般翡翠饰品经中等强度碰撞不会断裂，加工性能良好。高档翡翠的质地纯、硬度高，经过良好的抛光可以达到玻璃光泽。若是中低档的翡翠，其硬度稍低，光泽就会降低，最差仅达到油脂光泽
密度	3.34（+0.06，-0.09）g/cm^3
折射率	1.666~1.680（±0.008），点测法常为1.66。由于翡翠很少被切割成刻面形宝石，全内反射光对翡翠没有意义
双折射率	集合体不可测
透明度	从几乎全透明到完全不透明的都有。大多数翡翠是半透明到不透明的，透明的翡翠不但数量少，而且大多是属于优质的，因此，价格较高
多色性	集合体不可测
特殊光学效应	猫眼效应（罕见）
放大观察	星点、针状、片状闪光（翠性），纤维交织结构至粒状纤维结构，白色或深色固体包裹体

三、翡翠的分类

1. 按产出状态划分

新坑料指一般没有经过任何搬运作用，由人工从矿山开采出来的原生矿石。新坑料表面新鲜，无风化皮壳，呈致密块状，带棱角，透明度往往较差，水头短，颜色比较鲜嫩。

老坑料又称仔料或老厂玉。一般指的是在外力作用下，原生翡翠矿石经机械风化破碎，被"搬运"至山坡、河谷、河漫滩和河流阶地中异地堆积的翡翠砾石，形状一般呈浑圆状至鹅卵石状，表面有厚薄不一的风化皮壳。这些矿石在漫长的地质年代中，饱经水浸泡的氧化作用，透明度较好，水头长，颜色鲜明，质地温润。

2. 按颜色划分

绿色翡翠称为"翠"，一般颜色越绿越好，以颜色鲜艳的"高翠"为最佳。

红色翡翠简称为"翡"，呈黄、黄红、红褐和深红色调，以深红、鲜红者为最好。

紫罗兰色翡翠简称"紫玉"，以淡紫色最为多见，浓紫和深紫罕见，也最珍贵。

福禄寿翡翠是指绿、红、紫三色同时出现在一块翡翠料或饰品上，价值极为贵重。

白色翡翠一般为白色至无色。有时可见星点状他色，这类翡翠最为常见。

3. 按加工及处理工艺划分

分为天然翡翠和处理翡翠，市场上称为A货、B货、C货。

A货为完全天然的翡翠，也就是说翡翠原石被挖掘出来后，没有经过任何化学处理，也没有添加任何外来物质，只经过切磨与抛光的翡翠成品，不管是颜色或质地都是天然的。

B货为翡翠原石，用强酸浸泡以去掉其中杂质，通常还灌入其他物质（一般为树脂类）来强化翡翠被强酸侵蚀后松散的结构，只要经过酸处理的翡翠都称为B货。但B货并未经过染色处理，所以颜色仍属天然。经过处理的B货价格与外形近似的A货价格相差很多，甚至可能相差数十倍以上。

C货是经过染色的翡翠，其颜色是人为制作出来的而非天然。虽然C货的成分仍是翡翠，但价格比A货低，因为翡翠的颜色是决定价格最重要的因素。

经过B货与C货的处理步骤，也就是经过酸洗与染色两种步骤的翡翠，称为B+C货。

四、翡翠的基本品质评价

翡翠的品质评价主要有五个方面：颜色、水头（透明度）、质地、净度和雕工。

1. 颜色

颜色是评价翡翠品质的首要因素。对颜色的评价在中国宝石界有一种说法叫做"正、浓、阳、均"。所谓"正"就是颜色要纯正，绿色要求是翠绿色，不带一丝杂色；"浓"就是说颜色的饱和度要高；"阳"就是指颜色要鲜艳；"均"就是指整颗翡翠的颜色分布要均匀，不能有一边深一边浅的现象。应该按照这四个字完整地评价翡翠颜色的优劣。另外，由于地域的不同，人们对翡翠颜色优劣的评价也有所不同，色纯的自不必说，对于偏色的翡翠就各有喜好了。一般来说，北方市场喜欢颜色偏深的、浓绿色的翡翠，即使颜色有些偏蓝也很受欢迎；而南方市场就不同了，普遍要求颜色艳丽的，最好稍稍带点黄，一种名为"阳俏绿"的品种很受欢迎。台湾省的顾客特别喜欢"金丝绿"的翡翠，其实也就是绿呈丝状分布，且绿色中略带有金黄色。中国人对于翡翠的绿色有许多传统的叫法，什么"高绿""泱沟绿""金丝绿""阳俏绿"等，这些说法很形象地描绘了颜色的特点。但这些说法不便翻译，很难让外国人理解其真正含义。所以，在对外国人介绍时最好还是从"正、浓、阳、均"四方面来讲，也许更容易被接受。翡翠除了绿色品种比较常见外，红色、黄色和紫色也十分常见，一般来说它们的品质都不太好，价格也远不能与绿色品种相比（除非是特别好的）。

2. 水头

水头是中国民间的一种传统叫法，还有一种叫法——种，其实就是透明度的意思。作为一种宝石，透明度当然是越透明越好。行内还有一种说法：外行看色，内行看种，意思就是不懂的人看重颜色，而懂的人更看重水头。这也说明了水头的好坏对翡翠品质的影响。中国人对翡翠的透明度也有许多传统的说法，比如"玻璃种"——透明度非常好，接近完全透明；"冰种"——透明度较好，看上去像冰一样，为半透明；"半冰种"——透明度比冰种略差，为微透明；"油青种"——一种颜色深绿，微透明的品种；"豆种"——质地较粗，几乎完全不透明的翡翠。还有许许多多所谓的"种"，大多都可以十分形象地描述翡翠的透明度和外观。正如颜色的喜好有地域性差别一样，水头也是如此。相对而言，北方市场对水头的要求比南方市场低得多。北方市场要求翡翠颜色要浓，水头好坏不太讲究；南方市场要求翡翠颜色鲜嫩，水头要好，整块翡翠看上去要鲜绿通透。

3. 质地

所谓质地就是指翡翠的结构是否细腻。翡翠是多晶质集合体，也就是由许许多多的小晶体结晶在一起组成的，这些小晶体的颗粒大小直接关系到翡翠的质地。通常我们都要求翡翠的质地越细腻越好，结构非常细腻的翡翠几乎可以达到隐晶质，而结构粗的可以用肉眼看出每颗晶体的轮廓。另外，质地细腻的翡翠其水头也一定是好的；反之，则水头差。一般来说，质地和水头好的多出在绿色和无色中，黄色、红色和紫色的翡翠质地大多较粗。

4. 净度

翡翠的净度同宝石的净度含义不太一样，主要讲究的是裂隙。翡翠多裂是出名的，俗话说"十宝九裂"，就是指翡翠几乎个个有裂，只是程度不同而已。当然我们都喜欢没有裂隙的翡翠，但考虑到它多裂的特性，在挑选时要适当降低要求，一般只要肉眼不是明显可见，也不影响牢固度就可以了。对于高档翡翠，最好还是基本无裂为好。

5. 雕工

翡翠价值的体现很大程度上取决于它的雕工。翡翠主要被雕琢成戒面、吊坠、挂件、佩件（腰部）、链珠、耳坠、大小摆件，以及各种实用的器皿和服饰上的装饰品。一般来说，最好的翡翠大多颗粒较小，多用来制成戒面和链珠。翡翠的界面绝大多数是弧面形的，要求界面形状对称，长宽之比合适，弧面拱形高低合适。翡翠还可根据其原料形状雕琢成其他形状的饰品，总的来说要求外形美观，雕工精细。优质翡翠原料在雕琢时要求"工就料"，就是款式依照原料形状设计，尽量少损失原料，所以经常被随形雕成各种花、鸟、鱼、虫和各种吉祥图案，而且都是薄雕，即花纹雕得较浅。那种为了追求美观而雕琢得十分深的多为材料品质不佳。对于翡翠的雕琢来说，中国人的技艺可以说是发展到了极致，一件完美的翡翠首饰绝对离不开精湛的雕琢技艺。

五、翡翠的清洁与保养

翡翠不可用超声波清洗，可用温性的肥皂水快速清洗，避免油污，单独存放，避免碰撞，防止破损。

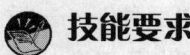
技能要求

翡翠的识别

翡翠与相似的人造玻璃、染色石英岩玉的肉眼观察方法。

操作准备

工具准备：镊子、10×放大镜、宝石灯。

操作步骤

步骤1　颜色、光泽观察

（1）翡翠颜色分布一般不均匀，呈脉状、团状、斑状分布，表面光泽有一种水波纹的感觉。

（2）人造玻璃颜色为半透明的绿色，颜色均匀。

（3）染色石英岩玉：又称"马来西亚玉"是最常见的翡翠仿制品，颜色多为艳绿色。

步骤2　放大观察

（1）翡翠为纤维交织结构至粒状纤维结构，固体包裹体，反射光下，颗粒较粗的，有明显翠性，呈星点、针状、片状闪光。

(2) 人造玻璃可见大小不等的圆形气泡,见旋涡状构造,断口为贝壳状。

(3) 染色石英岩玉可见粒状结构,粒隙间见染料,没有翠性闪光。

 学习单元2 软玉

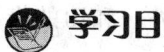 学习目标

➢了解软玉的形成与产地。
➢掌握软玉的基本物理性质。
➢能够进行软玉与相似宝石的识别。

 知识要求

一、软玉的形成与产地

软玉(Nephrite),由闪石矿物族中的透闪石、阳起石为主组成的多矿物集合体,透闪石一般为白色、灰色,阳起石因氧化亚铁含量不同而形成较深的颜色。软玉的形成一般有三种情况,碳酸盐与中酸性岩浆岩接触变质;超基性岩两交代;变质三种成因,不同产地有不同成矿原因,形成的软玉品种也不同。

中华民族可能是世界上最喜欢玉的民族了,也是极少数喜欢玉石超过喜欢宝石的民族。在中国的宝石文化中,玉石的使用占据了绝大部分。

玉石最早是因为它的硬度高而被人类注意的。人类处于新石器时代时,已经学会了制造一些简单的工具,其中大部分是石制的,当他们发现石头的硬度不同的时候就会去寻找较硬的石头来用,于是发现了玉石。因为玉石尤其是软玉的硬度很高(相对于普通石块而言),它不但可以用来加工别的石制工具,其本身制成工具后也比一般石制工具更加耐用。所以说玉石最早是被用来作为工具而被人类认识的。后来随着人类文明的进步,人类学会了冶金术,各种金属的工具取代了石制工具和玉石工具,这时的玉石又因为其美观的外表被人类加工成装饰品。而中国人更是在使用玉石首饰的同时人为想象地赋予了玉石种种美德。最终,玉石成为了中华民族传统美德的化身,"石之美者为玉""君子有五德,玉亦有五德,故君子佩玉"等说法是中国人喜爱玉石的最佳写照。

中国人使用的玉石主要有三类:硬玉(翡翠)、软玉和蛇纹石玉。其中翡翠的普遍使

用只有大约 300 年的时间，而最早使用的玉石是蛇纹石玉，大约有六七千年的历史，软玉的使用历史就目前所知也有近 2 500 年。所以说传统的玉石指的是软玉和蛇纹石玉。软玉的质地比蛇纹石玉要好得多，价值也高，特别是其中的极品——羊脂白玉，自古以来就是中国人的最爱。所以，要说到中国玉一定指的是软玉。

世界上除了中国以外还有一些民族也曾经使用过玉石，如欧洲的瑞士湖居民、新西兰的毛利人等，但没有哪一个民族对玉石的喜爱和使用达到中国人这样的程度。

世界上软玉生产国主要有加拿大、中国、新西兰、澳大利亚、美国和朝鲜。和田玉是世界上最早发现的软玉，特别是高档的羊脂白玉主要产在中国新疆和田。此外，和田的青玉、黄玉和墨玉也十分著名，储量丰富。

二、软玉的基本物理化学性质

软玉基本性质见表 8—12。

表 8—12　　　　　　　　　　软玉基本性质

化学成分	钙镁硅酸盐。因为它是多晶质集合体玉石，所以常常质地不纯
颜色	主要有白色、灰色、绿色、黄色、褐色和黑色。其色往往不纯，在一块玉石上同时生成两种颜色是常见的，但它不像翡翠那样杂色众多
硬度和光泽	软玉的硬度大致为摩氏硬度 6～6.5，若质地不纯可稍有变化。软玉的韧度很大，甚至比翡翠还要好，可以说软玉是所有常见宝石中韧度最高的，是最适合长期佩戴的宝玉石品种，一般强度的碰撞根本不会伤及软玉 可以达到玻璃光泽，但通常的软玉首饰不被抛光到这么亮，最适合软玉的光泽是油脂光泽。这样说有两条理由：首先软玉一般都是半透明的，也从不被切磨成刻面型，没有人会指望软玉戒面会像宝石戒面那要闪闪发光；其次是软玉多被加工成挂件和佩件，而且其特殊的细微晶体纤维交织状结构在中度抛光时会显现出非常漂亮的油脂光泽。综合上述两点，没有必要把软玉抛光到玻璃光泽
密度	2.95（±0.15，−0.05）g/cm^3
折射率	1.606～1.632（+0.009，−0.006），点测法为 1.60～1.61，随成分的变化稍有变化。如同翡翠一样。软玉的折射率没有实际意义
双折射率	集合体不可测
透明度	半透明～不透明，大多数微透明
多色性	集合体不可测
特殊光学效应	猫眼效应
放大观察	纤维交织结构（毛毡状），黑色固体包体

三、软玉的分类

1. 按产出地质环境划分

仔玉：由原生软玉矿藏经风化搬运至河流中堆积而成。一般呈卵石状，表面光滑，磨圆度较好，外表可有一层皮壳，块度较小。

山料玉：产于山上的原生矿，其特点是棱角分明，质地粗糙，块体大，品质常不如仔料。

山流水：介于仔玉和山料玉之间，块度较仔玉大，稍有磨圆，表面较光滑，品质稍好于山料玉，仅次于仔玉。

2. 按颜色划分

白玉：颜色呈白色，可略带灰，质地细腻，优质者为"羊脂玉"，这种玉十分稀少。

青玉：为灰绿色色调的软玉，最为常见。

青白玉：颜色介于白玉与青玉之间。

碧玉：绿色——深绿色。

黄玉：黄色——米黄色，以黄如燕梨者最好，非常稀少。

糖玉：色似红糖，主要有褐黄色、褐红色、红色等。

墨玉：也称黑玉。指颜色呈纯黑、墨黑、深灰色的软玉，以纯黑最好。

花玉：指在一块玉石上具有多种颜色，分布得当，构成一定形态花纹的玉石，如"虎皮玉""花斑玉"等。

四、软玉的基本品质评价

目前，中国工艺美术界和珠宝行业对软玉原料的工艺要求和经济评价依据可概括为：三好加一度，即质地好，颜色好，光泽好和有一定的块度。

质地好：要求软玉原料达到质地坚韧、细润和无瑕疵。

颜色好：要求其达到颜色鲜艳，纯正无杂色。

光泽好：要求其达到光泽明亮，无瓷性（即瓷器的光泽现象）。

块度：要求其有一定质量。

五、软玉的清洁与保养

软玉可用温性的中性溶剂清洗，单独存放，防碰撞，避免灰尘，防腐蚀。

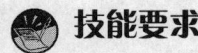 **技能要求**

软玉的识别

软玉与相似的玻璃、石英岩、翡翠的肉眼观察方法。

操作准备

工具准备：镊子、10 X 放大镜、宝石灯。

操作步骤

步骤 1　颜色、光泽观察

（1）软玉颜色均匀、质地细腻，油脂光泽。

（2）仿玉玻璃的颜色为乳白色，玻璃光泽。

（3）石英岩的透明度要强于软玉，玻璃光泽。

（4）翡翠颜色杂、玻璃光泽，有翠性。

步骤 2　放大观察

（1）软玉的结构十分细腻，透射光下可见毛毡状结构，杂质少，内不易见到矿物晶体。

（2）仿玉玻璃常含有大小不等的气泡，破口为贝壳状。

（3）石英岩的颗粒感强。

（4）翡翠可见到纤维交织结构至粒状纤维结构。

 **学习单元 3　蛇纹石玉**

学习目标

➢ 了解蛇纹石玉的形成与产地。

➢ 掌握蛇纹石玉的基本物理性质。

➢ 能够进行蛇纹石玉与相似宝石的识别。

 **知识要求**

一、蛇纹石玉的形成与产地

蛇纹石玉（Serpentine），矿物名称为蛇纹石，主要是由蛇纹石矿物组成的隐晶质集合体细粒叶片状或纤维状集合体。蛇纹石为一种具层状结构的含水镁硅酸岩矿物，是超基性岩和镁质碳酸岩受热液蚀变、变代作用的产物。

蛇纹石玉又称蛇纹石，是中华宝石大家族中的重要成员，也是最早被发现和使用的玉种，根据考古学发现，距今大约六七千年前的新石器时代人类就已经开始使用蛇纹石玉质的石器工具了。蛇纹石玉为历代所重视，堪称"古玉之光，万年瑰宝"。从中国最早的玉制品到世界最大的玉制品，以及当代许多被誉为国宝的玉雕精品，都出自蛇纹石，其质地细腻温润，堪称"天地之灵，华夏奇珍"。就现在的玉石市场来说，蛇纹石玉饰品依然在低档玉石中占了很大比例。蛇纹石玉在中国被广泛使用，玉手镯、玉挂件、玉摆件等蛇纹石玉制饰品依然有着相当大的市场。在传统习惯上，蛇纹石玉又称岫玉，是以辽宁岫岩县产地命名。但有些地方出现了信宜玉、陆川玉、台湾玉等名称，这些名称在市场上常引起混乱，使购买者无法了解其本质是什么。因此在国家标准中规定宝石级蛇纹石玉，均以"蛇纹石"来统一命名，产地不介入命名，仅岫玉可以作为蛇纹石玉的一个品种单独命名。

蛇纹石玉主要产地在中国，此外，美国、新西兰、墨西哥、朝鲜也是著名的产地。

二、蛇纹石玉的基本物理化学性质

蛇纹石玉基本性质见表8—13。

表8—13　　　　　　　　　　蛇纹石玉基本性质

化学成分	镁硅酸岩（其中镁可能被锰或铝等置换），有时还有铜、铬的混入
颜色	十分丰富，主要有深浅不一的绿色、黄色、绿黄色、棕色、黑色、白色等
硬度和光泽	蛇纹石玉的硬度变化范围较大，大约在摩氏硬度2.5～6之间。它的韧度很好 蜡状光泽至玻璃光泽
密度	2.57（+0.23，-0.13）g/cm³
折射率	1.560～1.570（+0.004，-0.070）
双折射率	集合体不可测
透明度	大半透明至不透明
多色性	集合体不可测
特殊光学效应	猫眼效应（极少）
放大观察	黑色矿物包裹体，白色条纹，叶片状、纤维状交织结构

三、蛇纹石玉的分类

1. 蛇纹石玉按产地划分

辽宁岫玉县：所产蛇纹石玉被称为：岫岩玉或岫玉。

甘肃酒泉：所产蛇纹石玉称"酒泉玉"或"祁连玉"等，是一种含有黑色斑点或黑色团块的暗绿色岫玉。

新疆昆仑山：所产蛇纹石玉称"昆仑玉"，以暗绿色为主，也呈淡绿、淡黄、黄、绿、灰、白等色，绿色中往往伴有褐红、橘黄、黄、白、黑等色，质地细腻，油脂光泽。

台湾花莲：所产蛇纹石玉称"台湾玉"，由于含杂质矿物，因而玉石具黑色或黑色条纹，玉质细腻，半透明，油脂光泽，颜色为草绿色、暗绿色。

北京市：所产蛇纹石玉称"京黄玉"，玉质细腻，呈黄色或淡黄色，优质者呈美丽的柠檬黄色。

青海都兰：所产蛇纹石玉由于是竹叶状花纹，别有风趣，因而称为竹叶状玉。

山东泰山：因产于五岳之首的泰山东坡而得名泰山玉，它是一种呈碧绿色、墨黑色的含黑黄色斑点的致密块状蛇纹石玉。

2. 国外蛇纹石玉的著名产地和品种

新西兰：鲍纹玉（Bowenite），呈微绿色至淡黄绿色，半透明状，质地细腻。

美国宾夕法尼亚州：威廉玉（Williamsite），主要由镍蛇纹石组成并含有铬铁矿斑点，浓绿色，半透明。

美国加利福尼亚州：加利福尼亚猫眼（california cat's eye），是一种具有平行排列的纤维状结构的蛇纹石玉，琢磨成弧面形宝石后，呈猫眼效应。

朝鲜：产朝鲜玉，又名高丽玉，呈鲜黄绿色，近透明，质地细腻。

四、蛇纹石玉的基本品质评价

蛇纹石质玉料的经济评价依据主要有颜色、透明度、质地和块度等，一般可分为四级。

特级品：碧绿色、黄绿色，稍有一些裂纹和杂质，半透明，块重在 50 kg 以上。

一级品：碧绿色、浅绿色、黄绿色，稍有一些裂纹和杂质，半透明，块重在 10 kg 以上。

二级品：碧绿色、浅绿色，无裂纹，稍有杂质，块重在 5 kg 以上。

三级品：色泽较好，半透明，块重在 2 kg 以上。

对于成品的评价，则主要依据颜色、透明度、净度、质地、加工工艺和个人喜好程度。一般颜色越绿、越纯正越好；透明度和净度越高越好；质地要求细腻，无杂质，无裂塔；加工水平要求较高。另外，其价格则在很大程度上取决于购买人的喜好程度。

五、蛇纹石玉的清洁和保养

蛇纹石玉可用温性的中性溶剂清洗，不可使用超声波清洗机清洗，也不可热水清洗，单独存放，防碰撞，避免灰尘，防腐蚀，防高温、低温。

 技能要求

蛇纹石玉的识别

蛇纹石玉与相似的玻璃、翡翠的肉眼观察方法。

操作准备

工具准备：镊子、10 X 放大镜、宝石灯。

操作步骤

步骤 1　颜色、光泽观察

（1）蛇纹石玉颜色为独特的带黄的绿色，蜡状光泽，透明度高。

（2）玻璃颜色均匀单一，光泽强，为玻璃光泽，透明度高。

（3）翡翠颜色分布一般不均匀，呈脉状、团状、斑状分布，表面光泽有一种水波纹的感觉。

步骤 2　放大观察

（1）蛇纹石玉质地细腻，内部常见白色棉絮、黑色矿物包裹体等。

（2）玻璃可见少量气泡和旋涡纹等包裹体。

（3）翡翠为纤维交织结构至粒状纤维结构，固体包裹体，反射光下，颗粒较粗的，有明显翠性，呈星点、针状、片状闪光。

学习单元 4　欧泊

 学习目标

➢ 了解欧泊的形成与产地。
➢ 掌握欧泊的基本物理性质。
➢ 能够进行欧泊与相似宝石的识别。

 知识要求

一、欧泊的形成与产地

欧泊（Opal），矿物名称为蛋白石，是低温含二氧化硅水溶液填充岩石缝隙中，并使之沉淀而成的。

欧泊英文名 Opal，源于拉丁文 Opalus，意思是"集宝石之美于一身"，以其特有的变彩效应而著名。古罗马人称欧泊为丘比特之子，被誉为美丽和纯洁的象征，古阿拉伯人视欧泊为天上掉下来的圣物。古罗马自然科学家普林尼曾说："在一块欧泊石上，你可以看到红宝石的火焰、紫水晶般的色斑、祖母绿般的绿海，五彩缤纷，浑然一体，美不胜收。"

澳大利亚是世界上欧泊最大产出国，总量占 90% 以上，中国人也称欧泊为"澳宝"。其次是墨西哥、巴西和美国，巴西产白欧泊，美国、墨西哥产火欧泊，其他产地还有洪都拉斯、委内瑞拉、新西兰和马达加斯加等，中国至今尚未发现。

二、欧泊的基本物理化学性质

欧泊基本性质见表 8—14。

表 8—14　　　　　　　　　　　　　　欧泊基本性质

化学成分	含水的二氧化硅。在被开采使用后其结构中所含的水分会慢慢失去，欧泊会因失水而干裂，所以在日常保管中应注意这一点。如果将其浸泡在清水中可以在一定程度上减轻裂隙的产生。欧泊商品在陈列时也有讲究，要避免强烈的日光或灯光直接照射，因为光的热量会加速水分的失去，应放置清水中保湿。实际上欧泊的艳丽色彩无须很强的光线，在一个相对较暗的环境中更有利于欧泊变彩的品质展现

续表

颜色	人们所说的欧泊颜色并不是指它的变彩,而是指欧泊材料本身的颜色,可出现各种体色,分为白、黑、深灰、蓝、绿、棕、橙、红等体色。因为欧泊丰富多彩、变化无常,所以不可能找到两颗外观相同的欧泊
硬度和光泽	摩氏硬度5～6级,但常常因为脱水而产生裂纹,降低硬度,所以欧泊首饰不能与别的宝石首饰混放,以免被刮伤表面 光泽为玻璃光泽至树脂光泽
密度	2.15($+0.08$,-0.90) g/cm^3
折射率	1.450($+0.020$,-0.080),火欧泊可低达1.37,通常在1.42～1.43之间
双折射率	集合体不可测
透明度	大多数是半透明到微透明的。玻璃欧泊和火欧泊的透明度较好,可以达到半透明,白欧泊和黑欧泊的透明度很差,几乎不透明
多色性	集合体不可测
特殊光学效应	变彩效应,这是由其层层叠加的结构引起的;猫眼效应稀少
放大观察	色斑呈不规则片状,边界平坦且较模糊,表面呈丝绢状外观

三、欧泊的分类

欧泊就其体色可以分为四类:白欧泊、黑欧泊、火欧泊和玻璃欧泊。

1. 白欧泊

白欧泊的体色为乳白色,可能会带有一些其他的颜色,如粉红色、浅黄色,但总的来说还是白色的,变彩为3～5色彩。

2. 黑欧泊

黑欧泊的体色为蓝黑色,有时也有深绿色、深褐色和深灰色的,变彩强烈。

3. 火欧泊

火欧泊的体色为黄色、红色或橙色。有些火欧泊是没有变彩的,它们和有变彩的品种一样被称做火欧泊。

4. 玻璃欧泊

玻璃欧泊其实就是透明度很好的白欧泊,有时也归为白欧泊一类,有"玉滴石"之称。

欧泊按其成因、加工方式可分为欧泊、欧泊拼合石、合成欧泊。

四、欧泊拼合石

欧泊拼合石是欧泊的一种特别的处理方法。欧泊经常以薄片形态产出,许多欧泊薄片品质极好,但就是太脆,于是人们发明了拼合法。通常是将一片透明的水晶盖在欧泊的上面,一方面可以加强牢固度,另一方面由于水晶的硬度比欧泊高,提高了整颗宝石的耐用性。有些欧泊太薄,还要在其底部粘上一层深色彩材料,有时是黑色塑料,有时干脆就是欧泊的深色母岩。这些欧泊的拼合石在国际市场上是常见的,也被市场所接受,只不过在销售时要注明,定价也要比纯欧泊宝石低。

五、欧泊的基本品质评价

欧泊的品质评价从颜色(体色)、变彩、净度和坚固性几个方面进行。

1. 颜色

体色以黑色或深色为佳,白色或浅色的为次,橘红、橙黄色最次。

2. 变彩

变彩应遍布整个欧泊,均匀而完整,不带无色的"死斑"。品质最好的欧泊应呈现光谱的七色,出现的颜色越多越好,特别是显示红色及罕见的紫色和紫红色。变彩应具有较强的亮度和透明度,外观应鲜明,动感越丰富越好。

3. 净度

混入杂质越少越好。

4. 坚固性

以没有明显的裂纹为好,若有则注意裂缝的位置、程度。

六、欧泊的清洁与保养

欧泊不可用超声波清洗,可用软布擦拭,严重污损的可用温性的中性洗洁剂清洗,防高温,不可强光直照,防止脱水变干破损,单独存放,避免碰撞,防破损。

 技能要求

欧泊的识别

欧泊与合成欧泊、欧泊拼合石的肉眼观察方法。

操作准备

工具准备:镊子、10×放大镜、宝石灯。

操作步骤

步骤1 颜色观察

(1)欧泊可见不规则色斑,变彩丰富。

（2）合成欧泊没有色斑，变彩没有欧泊强烈，呈现晕彩效应。

（3）欧泊拼合石如为三层拼合，从侧面看，其顶部不显变彩；如为二层拼合，接合处很容易识别。

步骤2　放大观察

（1）欧泊色斑呈不规则片状，边界平坦且较模糊，表面呈丝绢状外观，通常沿一个方向显示特征的条带状或纤维状结构。

（2）合成欧泊隐晶质结构，有环带、条带状花纹。

（3）欧泊拼合石在强光下，可以在接缝中找到圆形或扁平形状的气泡，如未镶嵌可看到接合痕迹。

学习单元5　玉髓、玛瑙

学习目标

➢了解玉髓、玛瑙的形成与产地。

➢掌握玉髓、玛瑙的基本物理性质。

➢能够进行玉髓、玛瑙与相似宝石的识别。

知识要求

一、玉髓、玛瑙的形成与产地

玉髓（Chalcedony）、玛瑙（Agate），矿物名称为石英质玉，实际上是小水晶晶体的结合体，属于隐晶质石英质玉。玉髓、玛瑙历史十分遥远，大约在一亿年以前，地下岩浆由于地壳的变动而大量喷出，熔岩冷却时，蒸汽和其他气体形成气泡，气泡在岩石冻结时被封起来而形成许多洞孔，很久以后，洞孔浸入含有二氧化硅的溶液凝结成硅胶，同时，含铁岩石的可熔成分进入硅胶，最后二氧化硅结晶为玉髓、玛瑙。玉髓、玛瑙是同种矿物，可以作为一种宝石，唯一的区别就是玛瑙有条带状构造，玉髓没有。

玉髓，其中的血红色玉髓，深绿色底色带有红点状，传说是耶稣被钉在十字架上时，血液滴在绿色石头上所形成的宝石。

玛瑙是佛教七宝之一，有"千种玛瑙万种玉"之说，色彩斑斓，文饰美观，自古以来一直被作为避邪物、护身符使用，象征友善的爱心和希望，有助于消除压力、疲劳、浊气等负性能量。

世界上优质玉髓、玛瑙的产地很多，如澳大利亚的绿玉髓（澳洲玉）、巴西的玛瑙等。中国玛瑙产量及品种均十分丰富，产地也较多，最著名的产地有辽宁、内蒙古、黑龙江、云南、河北、宁夏、新疆、江苏等。

玉髓的品种按颜色分为绿玉髓、葱绿玉髓、血玉髓（血滴石）等。绿玉髓、葱绿玉髓的优质者最为贵重。

有一种含杂质较多的玉髓称为碧玉，主要含黏土矿物，颜色丰富。

玛瑙按颜色、形态特性可划分为以下几个品种：缟玛瑙、红缟玛瑙、苔藓玛瑙、景色玛瑙、火玛瑙、水胆玛瑙，著名的南京"雨花石"是具同心纹结构的玛瑙的一种。

二、玉髓、玛瑙的物理化学性质

玉髓、玛瑙基本性质见表 8—15。

表 8—15　　　　　　　　玉髓、玛瑙基本性质

化学成分	二氧化硅，可含有铁、钛、锰、钒、铝等元素
颜色	主要有白色、绿色、蓝色、红色等。玉髓颜色有乳白、葱绿、暗绿、蓝、鲜红、红褐色等，玛瑙颜色更为丰富，还有黑色、灰色、黄色、青色以及过渡色。玛瑙颜色呈条带状分布，有一种特别品种叫"苔藓玛瑙"，在玛瑙内部分布着苔藓状和树枝状的包裹体，这些包裹体形状各异，十分漂亮。另有一种叫做"水胆玛瑙"，即在玛瑙内部含有封闭的空洞，空洞内含有水，这种玛瑙虽然奇特但真正具有工艺价值的并不多
硬度和光泽	摩氏硬度 6.5～7，油脂光泽～玻璃光泽
密度	2.60（+0.10，−0.05）g/cm³
折射率	1.535～1.539，点测法 1.53 或 1.54
双折射率	集合体不可测
透明度	透明至半透明，少数为微透明
多色性	集合体不可测
特殊光学效应	猫眼效应，火玛瑙有晕彩效应
放大观察	隐晶质结构，特殊图纹，玛瑙有条带状

三、玉髓、玛瑙的基本品质评价

玉髓、玛瑙的品质评价从颜色、透明度、净度、质量几个方面进行。

1. 颜色

玉髓要求色彩纯正而俏丽，古人说"玛瑙无红一世穷"，以红色和蓝色为最佳；玛瑙要求色彩鲜艳、纯正，色层厚。

2. 透明度

透明度越高越好，但不同品种要求不同，以能表现色彩和文饰最佳的适中为好。

3. 净度

质地细腻、坚韧、颗粒均匀、表面光洁，无裂纹或裂纹越少越好，包裹体呈特殊的图案，越具有艺术性价值越高。

4. 质量

越大越好。

四、玉髓、玛瑙的清洁与保养

玉髓、玛瑙可用温和的肥皂水或中性的溶剂浸泡清洗，遇灰尘不可擦拭，使用吹拂除尘，单独存放，防止碰撞摩擦、防高温、防腐蚀，避免强光直照。

技能要求

玉髓、玛瑙的识别

玉髓、玛瑙与相似的玻璃、翡翠的肉眼观察方法。

操作准备

工具准备：镊子、10×放大镜、宝石灯。

操作步骤

步骤1 颜色观察

（1）玉髓、玛瑙颜色均匀。

（2）翡翠颜色常不均匀。

（3）玻璃颜色均匀。

步骤2 放大观察

（1）玉髓、玛瑙质地细腻没有气泡，玛瑙内部有特有的同心圆状颜色分布。

（2）玻璃常可见少量气泡和旋涡纹等。

（3）翡翠可见纤维交织结构，星点、针状、片状闪光，呈"翠性"。

学习单元6 东陵石

学习目标

➢ 了解东陵石的形成与产地。
➢ 掌握东陵石的基本物理性质。
➢ 能够进行东陵石与相似宝石的识别。

知识要求

一、东陵石的形成与产地

东陵石（Aventurine quartz），矿物名称为石英岩玉，是一种具有砂金效应的水晶类玉石，在漫长的形成过程中，包容了其他的有色矿物和微量元素，如含矿物铬云母，呈细小鳞片状，大致定向排列，阳光下呈现闪闪发光的砂金石效应。

传说绿色东陵石在心理治疗上运用得很成功，对心肺的问题有疗效，并能增强肌肉的灵活度，常被用来治疗心脏、眼部疾病和舒缓压力。据说还可减轻焦虑与安抚情绪，能带来财富和朋友。

世界上出产东陵石的国家主要是印度，其翠绿色品种有"印度翡翠""印度玉"之称。另外，西班牙、前苏联、巴西、智利、美国等也有东陵石发现。中国已在新疆发现东陵石，当地称之为"新疆东陵石"。

二、东陵石的基本物理化学性质

东陵石基本性质见表8—16。

表8—16　　　　　　　　　　东陵石基本性质

化学成分	二氧化硅
颜色	通常有绿、红、蓝等颜色，绿色最为常见，碧绿——翠绿色者为上品。东陵石的颜色因所含杂质矿物不同而不同，含铬云母者呈现绿色，称为绿色东陵石；含蓝线石者呈蓝色，称为蓝色东陵石；含锂云母者呈紫色，称为紫色东陵石

续表

硬度和光泽	摩氏硬度7，玻璃光泽至油脂光泽
密度	2.64~2.71 g/cm^3
折射率	折射率十分稳定，在1.544~1.553之间；点测法常为1.54
双折射率	集合体不可测
透明度	半透明~微透明
多色性	集合体不可测
特殊光学效应	砂金效应
放大观察	粒状结构，可含云母或其他矿物包裹体

三、东陵石的基本品质评价

东陵石的品质评价主要从颜色、透明度、光泽、净度、质量几个方面进行。

1. 颜色

颜色均匀，鲜绿或浓绿色为最佳，淡绿色最次。

2. 透明度

透明度越高越好。

3. 光泽

油脂光泽强的为好。

4. 净度

质地细密，坚韧，无微量杂质的为好。

5. 质量

6 kg以上的为最佳。

四、东陵石的清洁与保养

东陵石可用温和的肥皂水或中性的溶剂浸泡清洗，遇灰尘不可擦拭，使用吹拂除尘，单独存放，防止碰撞摩擦，防高温、防腐蚀，避免强光直照。

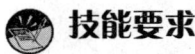 技能要求

东陵石的识别

东陵石与相似翡翠、软玉的肉眼观察方法。

操作准备

工具准备：镊子、10 X 放大镜、宝石灯。

操作步骤

步骤1　颜色观察

（1）东陵石一般颜色分布均匀，可见砂金效应，光照下呈鳞片状闪光，整体为玻璃光泽。

（2）翡翠颜色分布一般不均匀。

（3）软玉颜色分布一般均匀。

步骤2　放大观察

（1）东陵石可清楚地看到石英颗粒呈灰色或灰白色，闪光云母片呈绿色。

（2）翡翠可见团块状、条带状、丝绪状，具有变斑晶交织结构，有"翠性"（白色亮片）。

（3）软玉无斑晶，整体都是纤维交织毡状结构，常有不透明的花斑存在。

第3节　常见有机宝石和人工宝石

学习单元1　珍珠

学习目标

➢ 了解珍珠的形成与产地。
➢ 掌握珍珠的基本物理性质。
➢ 能够进行珍珠与相似宝石的识别。

知识要求

一、珍珠的形成与产地

珍珠（Pearl）是一种有机宝石，它是由软体类动物（主要是蚌类）在特定环境下的内分泌物结晶而成。最简单的例子是，有一粒沙子嵌入了一只河蚌的身体内或身体与蚌壳之间，蚌感到极不舒服，就开始分泌珍珠质裹住沙粒，几个月以后就形成了一颗珍珠。

有核珍珠从内到外分为珠核和珍珠层两部分，最里层为珠核。珍珠层是在养殖或生长过程中珠母贝分泌物在珠核或异物表面形成的角质蛋白和碳酸钙的结晶体。一般天然珍珠和淡水无核养殖珍珠的珍珠层很厚，有核珍珠的珍珠层相对较薄。

珍珠是纯真、完美、权力和富贵的象征，此外还有很高的药用价值。在所有宝石中，珍珠的药用价值是最高的，也是得到科学验证的，珍珠粉可以内服也可以外敷，具有很强的养颜、清火、止血的功效。

人类很早就开始使用珍珠作为首饰和衣饰了，早在古埃及王国、波斯王国和古罗马帝国时期，珍珠就是达官贵人的宠儿。中世纪时期欧洲封建主立法禁止除国王之外的任何人佩戴和拥有珍珠，可见珍珠在当时已成为最高档次的珠宝了。

古代人们为了更多地获取珍珠，常常为此付出生命的代价。在日本、阿拉伯海和东南亚等珍珠产地，都有一批叫做"采珠女"的女性专门从事采捞珍珠的劳动。她们被特别训练成潜水高手，每次下潜采珠都要潜水三分钟以上。大蚌会牢固地附着在海底，采珠女要将手伸入蚌内取珠，如果采珠女的手被夹在蚌内不能及时挣脱，就会丧命。可以说晶莹的珍珠光泽内曾经影射着采珠女的鲜血和生命。

由于珍珠的难得，人们很早就开始研究人工养殖珍珠。相传在中国南宋时期就将铅质的小佛像放在蚌壳内，生成了佛像状的珍珠。但圆珍珠的人工养殖术直到20世纪初才由一个名叫御木本信吉的日本人成功发明。现在世界各地只要有适合的环境，当地人都会试着去养殖珍珠，所以珍珠已不像古代那样稀少，但优质养殖珍珠的价值依然非常高。

优质养殖珍珠是重要的高档宝石，欧美珠宝界一直流行着"五皇一后"的说法。所谓"五皇"就是：钻石、红宝石、蓝宝石、祖母绿和猫眼；而这"一后"就是指珍珠。

世界上产珍珠的地方很多，天然珍珠主要产地在波斯湾、红海、南太平洋、墨西哥湾等，并可分为东珠、南珠、澳洲珠、南洋珠、黑珍珠、东方珠等。由于污染，珍珠的产量和品质急剧下降。中国和日本是有名的产珠国，中国珠产量大，日本珠品质好。

东珠：日本与其他亚洲国家产的白色优质海水养殖珍珠并称为东珠，日本是东珠的主要来源地。

南珠（合浦珠）：产于中国广西合浦，品质好，形圆、光泽强。

澳洲珠：产于澳大利亚的银白色海珠。

南洋珠：产于中、西太平洋群岛的白色、形圆、大粒海珠，产出国有菲律宾、缅甸等东南亚国家。

黑珍珠：主要产于赤道附近，波里尼亚群岛，色黑带绿色伴色，金属光泽，又称为大溪地珍珠。

东方珠：世界天然名珠，产于波斯湾，呈奶油、白、奶白、淡绿色。

二、珍珠的基本物理化学性质

珍珠基本性质见表8—17。

表 8—17　　　　　　　　　　　　　珍珠基本性质

化学成分	碳酸钙，大约占到90%，此外，还有一些介壳质有机物和水
颜色	十分丰富，一般常见的有白色、乳白色、粉红色、黄色、橙黄色、紫色、深蓝色、深褐色、灰色和黑色，所有这些颜色很少是纯的，多少带点偏色。珍珠不单有体色，还有一种伴色，这才是它美丽外观的真正由来。珍珠的伴色比较丰富，浅色珍珠的伴色通常较浅，深色的较深，有些珍珠甚至还有不止一种伴色，有些优质的黑珍珠同时拥有绿色、蓝色和紫色三种伴色
硬度和光泽	珍珠的硬度不高，为摩氏硬度2.5～4.5，所以在使用过程中还要防止与别的宝石和金属互相摩擦。珍珠的韧度较好，一般的碰撞不会损坏。另外，珍珠还是一种有一定弹性的宝石，当这跌落在地面或桌面上时，会高高弹起。这一点与其他宝石完全不同，光泽为珍珠光泽，这一宝石学术语就出自于珍珠本身
密度	海水珍珠：2.61～2.85 g/cm³ 淡水珍珠：2.66～2.78 g/cm，很少超过2.74 g/cm³ 海水养殖珍珠：2.72～2.78 g/cm³ 淡水养殖珍珠：低于大多数天然淡水珍珠
折射率	天然珍珠：1.530～1.685 养殖珍珠：1.500～1.685，多为1.53～1.56
双折射率	集合体不可测
透明度	微透明，表现为稍稍透光。长时间使用后由于失水，透明度会变差而不透明
多色性	集合体不可测
特殊光学效应	伴色效应
放大观察	天然珍珠：同心放射层状结构，表面生长纹理 养殖珍珠：有核养殖珍珠具核层结构，珍珠层呈薄层同心放射状结构，表面微细层纹；珠核可呈平行层状，珠核处反白色冷光
其他特性	遇酸起泡，加热变褐色

三、珍珠的分类

珍珠的分类比较复杂，主要有四种分法：

以是天然生成还是人工养殖分，可以分为天然珍珠和养殖珍珠。

以是海水珠还是淡水珠分，可以分为海水珍珠和淡水珍珠。

以其养殖方法分，可以分为有核养珠和无核养珠。

以其颜色分,可以分为白珍珠、黑珍珠和彩珠。

养殖珍珠现在已经占到珍珠市场上99％以上的比重,可以说除非特别说明一般都是人工养殖,在销售时无须注明是养殖珍珠。

珍珠既有生长在海水里的,也有生长在淡水里的,养殖珍珠也分海水和淡水两种。通常无论是天然的还是人工养殖的,海水珠的品质和价值都要比淡水珠高得多,所以在销售时应该说明究竟是海水珠还是淡水珠。

人工养殖珍珠的工艺方法又分成有核养珠和无核养珠。早先海水养殖多为有核养珠,淡水养殖多为无核养珠,但近年来也出现了海水无核养珠和淡水有核养珠。一般来说有核养殖珍珠的品质和价值要高于无核养殖珍珠,这主要是因为无核养珠很少有精圆的。现在随着技术的进步,一些优质的无核养珠圆度很好,价值也非常高。

以前淡水珠主要是白色、粉红色和黄色,几乎都是浅色的。如今出现了许多深色的品种,如紫色、深绿色、深褐色的彩珠,这可能是由于水质污染造成珍珠的颜色变深,而要想找纯白色珍珠反而很不容易。但是,淡水珠颜色再深也不能被叫做"黑珍珠"。因为黑珍珠这个名称被波里尼亚群岛的塔西提岛产的黑色海珍珠专用,全世界几乎只有那里产黑珍珠,价格依旧较高。不过现在国内市场上出现了许多黑珍珠,数量之多,价格非常低廉,就目前的鉴定结果来看又无法判定它是否经过人工改色。

此外,人工仿造的珍珠一般用塑料、玻璃铸压或吹制方法制作,然后表面涂上鱼鳞粉。人工仿造珍珠在质感、重量和表面光泽上与珍珠有很大区别。还有用合成树脂仿制珍珠,加上一些细微的某些小晶体,一层层涂在贝壳磨制成的小圆球(海水养殖珍珠核)上,从外观上与海水养殖珍珠区别不大,极易混淆。对于这些人造仿制珍珠,可使用10倍放大镜观摩其表面是否有云状花纹(如地形图上等高线),如有则是珍珠;如没有,只是高低不平,则可能是仿制珍珠。另外,用短波紫外线照射,能发出淡黄白色荧光的,是珍珠,而仿制珍珠则没有荧光。

四、珍珠的优化和处理

珍珠的各种优化处理是围绕着它的体色进行的。

1. 漂白

所谓漂白就是将浅色的珍珠放入一些特制的化学制剂,通常使用过氧化氢溶液或氯气处理,使其颜色变白。这是一种常见的优化手段,被宝石界所接受,在销售时一般无须说明。中国的漂白技术不如日本好,所以中国珍珠的品质在颜色上比日本差很多。

2. 增白

采用荧光增色处理,使珍珠变白。

3. 染色

传统的做法是将浅色的珍珠放在硝酸银中浸泡,然后晒干,就会产生类似黑珍珠般的体色,但不逼真。

也有将珍珠染成其他颜色的,难以鉴别。因为杂色珍珠的价值本来就不高,所以即使不能鉴别,问题也不会像黑珍珠那样严重。

五、珍珠的基本品质评价

珍珠的品质评价方法可以说是十分系统和科学的,如同钻石的4C分级一样。国际上对珍珠品质评价主要有以下几方面:颜色、光泽、透明度、质地、形状、大小等。若是养殖珠,还有珠层厚度的问题。

1. 颜色

珍珠的颜色主要包括体色和伴色两种。

体色中最好的是纯白色和黑色,其他颜色中主要是乳白色、粉红色、金色、深绿色、深蓝色、深灰色和紫色比较好,若是其他杂色则为次品。

白色珍珠最好是粉红色伴色,黑珍珠的伴色最好是孔雀绿色,孔雀蓝和孔雀紫也很好,若是同时具有几种伴色就更难得了。

2. 光泽

品质好的珍珠应该有高品质的光泽。

3. 透明度

大多数高品质的珍珠都是半透明的,但随着水分的丧失透明度会变差,看上去变得色深和致密。

4. 质地

珍珠表面常会有一些小凹坑、划痕、皱纹等,这些凹坑等会影响它的美观,所以完全没有瑕疵的珍珠当然是最好的。

5. 形状

一个理想的珍珠应该是精圆的,但除了有核养珠之外,要想得到精圆的珍珠很难。常见的形状还有椭圆形、水滴形、纽扣形的,只要形状美观、对称,也是很不错的。

6. 大小

珍珠的大小要分质量和尺寸两方面来说。

珍珠有专门的质量单位——格令(也叫做"珍珠厘")。1珍珠格令=0.05 g,可见每个格令之间的差距很小。在评价珍珠价值时,首先按照前五点给出一个品质等级,然后再考虑它的质量。民间有"七分珠、八分宝"标准,即珍珠直径达9 mm已经是很好的了,越重越好。

7. 人为加工

珍珠用做首饰一般都要经过加工。打孔和钻洞是最常见的，这也很有讲究。若打的洞不在珍珠的中心上，穿过绳子后珍珠会偏向一边，再打一个洞几乎是不可能的，所以洞打得好坏也直接影响珍珠的价值。

六、珍珠的清洁与保养

珍珠可用温水清洗，使用珍珠专用羊皮或珍珠布擦拭，不可用纸擦拭，单独存放，防破损；严重污损的，可将珍珠放在20％的盐水中浸泡清洗；珍珠清洗后，必须自然干燥，防止表面发酵，保持适宜的温、湿度；柜台储存时，灯光不可直射，并要有清水存放以保湿，防止失水变干。

技能要求

珍珠与仿珍珠的识别

珍珠与相似的塑料仿珍珠，玻璃仿珍珠、贝壳仿珍珠的肉眼观察方法。

操作准备

工具准备：镊子、10X放大镜、宝石灯。

操作步骤

步骤1　手感、颜色观察

（1）珍珠表面有沙感，手摸有凉感，伴色明显。

（2）贝壳仿珍珠表面有滑感，手摸凉感差，伴色差。

（3）塑料、玻璃仿珍珠表面有滑感，手摸有温感，伴色差。

步骤2　放大观察

（1）珍珠表面有纹理（表面生长纹）。

（2）塑料仿珍珠表面呈均匀分布的粒状结构。

（3）玻璃仿珍珠可找到旋涡纹和气泡，但表皮无生长纹。

（4）贝壳仿珍珠表面无生长纹，强光照射下可见内部平行条带。

注意事项

（1）以放大观察为主，十分相似的，需要使用专业鉴定仪器检验。

（2）特殊方法：珍珠与盐酸起反应，仿珍珠（除贝壳仿珍珠以外）不与盐酸起反应。

天然珍珠与养殖珍珠区别

天然珍珠与养殖珍珠的肉眼观察方法。

操作准备

工具准备：镊子、10X放大镜、宝石灯。

操作步骤

步骤1　外观形状、颜色、透明度、光泽观察

（1）天然珍珠形状多不规则，粒径小；质地细腻、珍珠层厚；呈凝重的半透明状；光泽强。

（2）养殖珍珠形状多规则，粒径较大；珍珠层薄、表面常有凹坑、质地松；透明度较好；光泽较弱。

步骤2　强光源照射观察

（1）天然珍珠无珠核的闪光。

（2）养殖珍珠缓慢转动一周，可见两次珠核闪光，还可见到珠核明暗相间的条纹。

黑珍珠与染色珍珠的识别

黑珍珠与染色珍珠的肉眼观察方法。

操作准备

工具准备：镊子、10X放大镜、宝石灯、5％稀硝酸。

操作步骤

步骤1　颜色、透明度观察

（1）黑珍珠非纯黑色，而是带有孔雀绿或靛蓝、靛紫色伴色、光泽。

（2）染色黑珍珠为纯黑色，颜色呆滞，伴色、光泽较差。

步骤2　放大观察

（1）黑珍珠表面细腻光滑。

（2）染色黑珍珠的表面有微弱侵蚀，有黑色的细微斑点，从钻孔处观察，可见钻孔内部发白。

步骤3　特殊方法

（1）用蘸有5％稀硝酸的棉签擦拭珍珠，黑珍珠不掉色，染色黑珍珠会留下黑色污迹。

（2）与酸反应时，黑珍珠呈白色气泡，染色黑珍珠呈黑色气泡。

(3) 在钻孔处轻刮珍珠,黑珍珠呈白色粉末,染色黑珍珠呈黑色粉末。

注意事项

特殊方法对样品有破坏性,必要时才用。

海水养殖珍珠与淡水养殖珍珠的识别

海水养殖珍珠与淡水养殖珍珠的肉眼观察方法。

操作准备

工具准备:镊子、10×放大镜、宝石灯。

操作步骤

步骤1　颜色、透明度观察

(1) 海水养殖珍珠形圆、色浅,表面光滑,颜色好。

(2) 淡水养殖珍珠形状多为椭圆或不规则,表面多褶皱纹、勒腰等特征。

步骤2　放大观察

(1) 目前常见的海水养殖珍珠是有核的,与珍珠层分层界线明显。

(2) 淡水养殖珍珠大都是无核的,无分层线。

学习单元2　合成立方氧化锆

学习目标

➢ 了解合成立方氧化锆的形成与产地。
➢ 掌握合成立方氧化锆的基本物理性质。
➢ 能够进行合成立方氧化锆与相似宝石的识别。

知识要求

一、合成立方氧化锆的生产

合成立方氧化锆(Synthetic Cubic Zirconia)最早于1976年出现,由前苏联人工合成,所以它又有一个别名叫"苏联钻",现称"俄罗斯钻"。这种别名因为有一定的误导性，不能作为规范用名。

合成立方氧化锆的合成方法是冷坩埚法，目前产量很高，因为它不但外表美观，而且价格也便宜。以著名的奥地利施华洛士奇的合成立方氧化锆为例，100 颗 1 ct 大小的成品合成立方氧化锆宝石也不过 20 美元。

如果在合成立方氧化锆原料内加入不同的金属氧化物，可以获得不同颜色的合成立方氧化锆晶体。例如，铈：黄、橙、红；铬：绿；钕：紫；铒：粉红；钛：金棕。

近年来部分生产商也有以不同方法改良产品，最常见的是在合成立方氧化锆表面以蒸汽凝结加上一层类金刚石碳（diamond-like carbon，DLC）。得出的产品比普通合成立方氧化锆更硬，看起来也更像钻石。另一种方法是在表面以真空喷上一层金属氧化物，使其出现晕彩，但是与镀上类金刚石碳不同，这种加工层是可以被磨损的。

二、合成立方氧化锆的基本物理化学性质

合成立方氧化锆基本性质见表 8—18。

表 8—18　　　　　　　　合成立方氧化锆基本性质

化学成分	氧化锆（常含氧化钙或其他稳定剂及多种致色元素）
颜色	最初合成立方氧化锆是为了模仿钻石，所以颜色都是无色透明的，后来发现它的确十分漂亮，就逐渐研究出了其他颜色的品种。现在合成立方氧化锆的颜色品种很多，除了特殊光学效应之外的所有宝石都可以模仿
硬度和光泽	摩氏硬度 8.5，比大多数常见宝石硬。但它的韧度较差，在碰撞或碾压中很容易碎裂，光泽为亚金刚光泽
密度	5.80（±0.20）g/cm^3
折射率	合成立方氧化锆的折射率值很高，达到了 2.15（+0.030），仅次于钻石，可以获得极高的亮度。由于它主要是模仿钻石，所以切割角度与钻石一样，这样多少会失去一些亮度
双折射率	无
透明度	立方氧化锆是人造的，质量好坏完全由人来控制，所以都是透明的，但也可制成不透明的
多色性	无
特殊光学效应	色散强（0.060）
放大观察	通常洁净，可含未熔氧化锆残余，有时呈面包渣状，气泡

三、合成立方氧化锆的基本品质评价

合成立方氧化锆由于其外观类似钻石且价格低廉，常被作为钻石的仿制品，也被用来仿制红宝石和蓝宝石等高档宝石，品质评价以颜色、透明度和净度为依据，主要要求颜色

纯正、透明度高、内部杂质少、无裂隙。

四、合成立方氧化锆的清洁与保养

合成立方氧化锆清洁与保养要求与红宝石、蓝宝石基本一致。

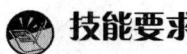 技能要求

合成立方氧化锆的识别

合成立方氧化锆与相似的红宝石的肉眼观察方法。

操作准备

工具准备：镊子、10×放大镜、二色镜、宝石灯。

操作步骤

步骤1　火彩观察

(1) 合成立方氧化锆火彩较强。

(2) 红宝石火彩较弱。

步骤2　多色性观察

(1) 合成立方氧化锆无二色性。

(2) 红宝石有二色性。

步骤3　放大观察

(1) 合成立方氧化锆可见面包渣状氧化锆残余，气泡等。

(2) 红宝石可见金红石针状包裹体、色带、聚片双晶纹等。

注意事项

宝石二色性要从不同的角度观察。

第 9 章

贵 金 属

第 1 节　黄金　　/192
第 2 节　铂金　　/200
第 3 节　银　　　/205

贵金属元素在地球上含量稀少，产地分散，开采复杂，价格昂贵。如要得到1g黄金，需要开采近1t的矿石；每提纯1oz铂，则需要开采10t左右的矿石。贵金属包括金、银、铂、钌、铑、钯、锇、铱8种元素。自然界中铂的储量比黄金要稀少得多。

由于贵金属有不易褪色的绚丽光泽，又容易加工成各种形状，自古以来，人们就用其中的金银制品作为装饰佩戴在身上。近年来，人们用铂制作首饰日渐增多。

人类历史上一直将金银作为货币使用。黄金的储备数量是一个国家国力的象征。世界贸易中，黄金仍然是主要支付手段。除用做货币之外，金还用于电子工业、航天工业、通信、化工等领域。在首饰界中，金的用量占很大比重。

铂主要作为战备物资用于航天科研，石油化工中用做催化剂和防腐材料，电子电工中用做精密电阻材料和触点材料，也用做货币。如1833年沙皇俄国曾发行过铂金货币，重9g，成色95%～96%，中国和其他国家也曾经做过纪念性铂币，如中国的熊猫铂金币。

钯的化学性质稳定，用途十分广泛，在汽车尾气净化中具有十分重要的作用。作为合金，钯还用于无线电通信设备的开关系统、继电器、裂解石油的重整催化剂及陶瓷的金属化处理。首饰行业中钯主要用于与铂金冶炼制造铂—钯合金，或与金冶炼制造白色K金合金材料。

第 1 节　黄 金

 **学习单元1　黄金的概念与特征**

 **学习目标**

➤了解黄金的历史与产地。
➤掌握黄金的物理化学性质。

贵 金 属

知识要求

一、黄金的历史与产地

黄金是人类最早发现和利用的金属。它在人们的心目中有着特殊的地位，在数千年的人类文明史中扮演着重要的角色。从远古的埃及王朝，到今天社会经济都高度发达的现代社会，人们都崇尚、向往和利用这闪耀金色光辉的金属。黄金有着超越种族、宗教和历史的吸引力，使它保持着有别于其他金属的神秘魅力。

由于黄金绚丽的颜色、醒目的金属光泽、优异的理化性质以及稀有的产量，古代人们就将它作为珍贵的装饰品的材料，在社会经济流通中，成为商品交换的媒介。在中国秦朝，已将黄金法定为"上币"，作为货币进行流通。汉武帝时又铸有"麟趾金""马蹄金"，即把黄金做成麟趾形和马蹄形。之后，人们又将黄金铸成金条、金砖，或作货币流通，或作为保值品留存。在现代社会中，黄金就是财富的象征，是金融市场的硬通货。就国家而言，黄金的储备更是国力的象征。在世界黄金的消耗中，除了被铸成金币或铸成金条、金砖作为货币储备进行储藏以外，大部分用于各类首饰和各种工艺装饰品、器皿等。经过设计师的艺术创造、精工细作，出现了造型各异、装饰精致、光彩迷人的金戒指、金项链、金手镯、金手表、金餐具等。随着科学技术的发展，黄金在工业领域中的应用迅速扩大，在医疗、电子、宇航和国防尖端工业具有特殊的用途。

黄金是一种稀有贵金属，在地球矿物中的含量不多，开采工艺复杂，价格昂贵。世界上黄金主要分布在中国、俄罗斯、南非、美国、加拿大、澳大利亚和巴西等地。中国是世界第一大产金国和第二大消费国，以山东、豫西、黑龙江和陕、甘、川三角地带为主要的产金地。

金从其形成可分为生金和熟金，生金是从矿山或河底冲积层开采出来的、没有经过熔化提炼的黄金，分为矿金和沙金两种。矿金产于金矿山，其成因大都属热液型，是随地下涌出的热泉通过岩石的缝隙而沉淀形成的，常见于石英脉中的岩石缝隙。矿金大多与其他金属伴生，在其他金属未提出之前称为合金，产于不同矿山的矿金所含的其他金属成分不同，成色也高低各异，一般在50%～90%之间。沙金，起源于矿山，是指经过人工淘洗生产出来的黄金，大多是明金，即肉眼可以看见的金粒，多产于河流底层或低洼地带，与砂石混杂在一起。沙金是由矿金的金矿石露出地面后，在长期的风吹雨打下，岩石经风化而崩裂，金便脱离矿脉伴随泥沙顺水而下，自然沉淀在沙石中，在河流底层或沙石下沉积成含金层，从而形成沙金。沙金的特点是颗粒大小不同，形状各异，一般大的像蚕豆，小的似细沙，颜色因成色高低而不同，九成以上为赤黄色，八成为淡黄色，七成为青黄色，五

成金的合金为黄色略带灰白。熟金是生金经过提炼后的黄金，一般纯度较高，可直接用于工业生产。

二、黄金的物理性质

黄金有良好的物理特性，有良好的导热性和导电性，导电系数为 41.6×10^4，导热率为 296.01 W/（cm·K），20℃下的电阻率为 2.35 $\mu\Omega$·cm，次于银。金的熔点是 1 064.43℃，沸点是 2 808℃，掺入银、铜等元素，其熔点会下降。金的密度大，其比重为 19.32 g/cm^3（20℃）；硬度低，为摩氏 2.5，相当于人指甲的硬度。金具有极好的延展性，延展率为 40%～50%，横断面收缩率为 90%～94%。金可锻压成极薄的金箔，它的厚度可以仅为 0.23×10^{-3} mm。这样的金箔在显微镜下观察仍然是致密的，1 kg 金箔可铺展至 530 m^2。金还可拉成比头发丝还细的丝，1 g 金可拉成 3 km 长的金丝。金有着绚丽的金黄色光泽，非常软，易于做各种形状的锻压加工，但含 1% 铅的金冲压一下就会被压成碎块。金熔点高，"真金不怕火炼"就是指一般火焰下黄金不易熔化，密度大，1 kg 黄金约为直径 46 mm 的金球或边长为 3.73 cm 的立方体，手感沉甸，韧性和延展性好，良导性强。纯金具有艳丽的黄色，但掺入其他金属后颜色变化较大，形成各种颜色的含金量，即彩色 K 金，如金铜合金呈暗红色。金易被磨成粉状，这也是金在自然界中呈分散状的原因，纯金首饰也易被磨损而减少分量。

三、黄金的化学性质

金的化学元素符号为 Au，在化学元素周期表中的原子序数为 79，原子量为 196.966 5，是副族 IB 族元素，通常与同属 IB 族的银、铜一起被列为铜族元素。金的化学性质稳定，不溶于一般的酸和碱，但溶于王水（硝酸与盐酸 1∶3 的混合液）及氰化钠或氰化钾溶液，还溶于汞，和汞形成合金——金的汞齐。因而，金首饰被汞沾污后表面会有白色斑点，因汞的沸点低，经加热汞会很快挥发掉。金还可溶于 225℃时的硒酸中。金的抗氧化性极强，一般不易与其他物质发生化学反应生成化合物。金在空气中加热至熔化也不会发生氧化反应，依然是金光灿灿。金的化合物很容易被还原成金属金，能被金还原的金属有镁、锌等。

贵 金 属

 **学习单元 2　黄金在首饰中的应用**

 学习目标

➤掌握黄金的纯度与表示方法。
➤熟悉黄金首饰的工艺特点。
➤能够观察识别黄金的成色。

 **知识要求**

一、黄金纯度与表示方法

用黄金作为主体材料而制成的首饰称为金首饰。由于黄金含量的不同又分成不同成色的金首饰。从某种角度来讲，含金量的高低将直接影响首饰价值的高低，黄金的含量一般能达到 99.99%，首饰中金项链的含量只能达到 99.96%（焊点较多的原因）。含金量的表示方法在首饰行业中主要有两种。

第一种方法是用"K"来表示的，来源于"karat"英语单词。即将金的成色分成 24 个等份。24 K 是一个理论值，即金含量是 100% 的金，12 K 表示含金量 50%，18 K 表示含金量 75%，1 K 的含金量为（100÷24）%，即约为 4.167%。以此可推算各类 K 金的金含量。平时所谓的 24 K 金从理论上讲是不存在的，也不用 24 K 表示。"金无足赤"，世界上没有绝对纯的物质。一般来讲，99% 以上含金量的黄金，可以称为千足金。

第二种方法是千分数的纯度含量表示法。999.9‰ 的金被称为万足金，999‰ 的金称为千足金，990‰ 的金又称为足金。千足金可用 999 金、G999、Au999 等表示；足金可用 990 金、G990、Au990 等表示。18 K、14 K 含量的金可表示 750 金、585 金或 G750、G585。

另有一种表示方法现已不使用，是中国传统的黄金成色表示方法，即黄金纯度分成十成，如含金量 90% 的金称为九成金，80% 的称为八成金，70% 的称为七成金，常有用"呈"来表示"成"。同时纯金又分别称为足金、足赤、千足金，一般指达到 99.6% 以上成色的黄金。由于黄金合金（即 K 金）在首饰制作中的应用，使纯金材料硬度差的弱点得到改变，使金饰品更加精巧、美观，不易变形，镶嵌饰品更加牢固。同时可配制成不同颜色的K金材料，因此，出现了彩色K金首饰。

黄金成色的检测可分为无损检测和有损检测。日常检测一般以无损检测为主，市场监督一般以有损检测为主。

二、K金与彩色黄金

K金：K金是指黄金与银，铜等金属的合金。K金的硬度高于纯金，可以直接用于做首饰，尤其应用于镶嵌宝石。

白色K金：白色K金就是人们常说的K白金，而中国市场上常说的"白金"是指铂金而言。白色K金可以简单地解释为"白色的K金"。

彩色系列K金：包括彩色系列和黑白色系列K金，彩色K金又称为彩色黄金。对彩色K金的正确叫法是黄色K金、白色K金和红色K金，彩色K金于20世纪70年代末出现。有人预测21世纪将是彩色K金的"彩色时代"。

彩色K金中的玫瑰金，又称粉金、红金，由于在19世纪初的俄罗斯流行，又称为俄罗斯金，因多应用于英国皇室的冠冕上，也称为皇冠金，可由75%金和25%铜组成，多数采用4%银、75%金及21%铜或其他配合比例。玫瑰金最高可组成22K，属于市场上受欢迎的K金（见表9—1）。

表9—1　　　　　　　　　部分彩金的颜色和组成（参考）

颜色	成分（%）			
	金	银	铜	钯
绿色	75	25	0	—
浅绿黄色	75	21.4	3.6	—
浅黄色	75	16.7	8.3	—
玫瑰色	75	12.5	12.5	—
橙黄色	75	8.3	16.7	—
浅红色	75	3.6	21.4	—
浅紫红色	75	0	25	—
白色	75	5	0	20

三、黄金覆盖层首饰工艺特点

黄金首饰的制作工艺既有中国传统的金银制作工艺，又有K金首饰特有的工艺特色，还有黄金覆盖层首饰工艺。

特别是K金首饰改善了千足金和足金硬度低、易磨损、不易保持细微花纹的缺点，在设计制作时注重色彩造型，线条简约、能达到精细编织的工艺特点。K金饰品的特点是用金量少、成本低，又可配制成各种颜色，且不易变形和磨损，特别是镶嵌宝石后牢固美观。

黄金覆盖层首饰有关的工艺包括：

1. 包金工艺

用机械或其他方法将黄金牢固地包裹在首饰表面上，形成金覆盖层的工艺称为包金（gold filled）、包金工艺。同样将白银覆盖在首饰表面称为包银工艺。

包金覆盖层的金含量不得低于585‰，其厚度不小于0.5 μm（一般在0.5~1 μm），其标记为$L_n Au$，如$L_{10} Au$则表示包金覆盖层厚度为10 μm。包金的国外标记为14 KF、18 KF，表示包金层金含量为14 K金或18 K金，厚度有的标记为1/1018 K，表示18 K金薄片经滚压后与其体比例为1∶10。

2. 镀金工艺

镀金工艺，采用电镀或化学镀等加工方法在首饰表面镀一层金覆盖层，称为镀金（gold plated）工艺。同样有镀银、镀铑工艺。

镀金覆盖层的金含量不得低于585‰，其厚度不小于0.5 μm（一般在0.5~5 μm），其标记为$P_n Au$，n为覆盖层厚度（单位μm）。国外有的标记KP或KGP表示镀金，如18 KP或18 KGP，表示镀金属含金量为18 K金。

镀金层厚度为0.05~0.5 μm的称为薄层镀金。

3. 锻压金饰品工艺

利用滚压、锻压手段将金合金箔锻压到其他金属表面上制成的饰品，称为锻压金饰品，这也是包金饰品的一种。

4. 鎏金、描金工艺

鎏金：古代将金溶解于水银中，然后抹刷到器物表面，晾干后用炭火烘烤，使水银挥发掉，再用玛瑙轧光表面，这种方法叫做鎏金。

描金：将金溶于汞和盐类的溶液中，再将汞和盐类溶液加热蒸发掉，然后就得到金粉，用这样的金粉就可以描绘装饰，甚至可以用来画图，抄经文等。

技能要求

纯金首饰与K金首饰的识别

操作准备

工具准备：10 X放大镜、试金石、45%的硝酸、火源。

操作步骤

步骤1　辨色泽

有经验的人根据黄金的颜色和光泽可大体区分出纯金和成色金，或真假黄金。黄金是"七青、八黄、九紫、十赤、黄白带灰对半金"，意思是含五成金的合金呈色黄中略带灰白，含金七成的呈色黄中带青，含金八成的呈黄色，含金九成的呈黄中透紫，含金十成的呈赤色。对久藏初出的首饰来讲则有"铜变绿、银变黑、金子永远不变色"的现象。

步骤2　掂轻重

黄金的密度为 19.3 g/cm³，成色与密度关系较大，密度越接近19.3时，金纯度越高，只要测出首饰的密度便可知首饰的成色。一般方法是掂于手中轻抛，若略有沉甸感的就是金，因为用体积同样大小的黄金与其他金属相比，白银是黄金重量的45%，铜是46%，锡是38%，铅是59%。可见黄金体小质重，对笨大而又轻飘的饰品应引起警惕，需认真辨别是否伪品或半伪品。

步骤3　听音韵

金的成色越高越柔软，弹性越低。因此成色高的首饰，掷于水泥地上会有沉闷的"吧嗒"声，有声而无韵，无强力，俗称"死声"。成色越低的金饰，抛在水泥地上声响尖长清脆而有韵，并稍有回跳。

步骤4　查看盖印标记

在首饰等金饰品上打上字号的习惯自古就有，正规生产厂家的金饰品都应按国家有关规定盖有含金量和生产厂的标记，如标识18 K、14 K等。如无标识者，一般都是伪品。

步骤5　试软硬

足金用牙咬或针划都会有轻痕，以手折没有断纹，成色在97%以上的黄金折弯两三次后，折弯处会出现皱纹，称为鱼鳞纹；95%左右成色的黄金折弯能感觉到硬度，鱼鳞纹不明显；90%成色的黄金能明显感觉出硬度，没有鱼鳞纹；含杂质较多的黄金折弯两三次即会断裂。

步骤6　火烧测试

俗语说"真金不怕火炼"，意思就是真正的金子在1 000℃的高温下也不会退色和熔化。温度达到1 063℃后开始熔化但不变色。把金饰放在炉面上或瓦片上焙烧至通红，冷却后，表面颜色仍然不变。但黄金如果成色不足，火烧后就会变黑。

步骤7　用试金石比对

利用对金牌（已确定成色的金牌）和被测样品在试金石（含炭黑色硅质粉砂岩加工而成的光滑平整长方块）上磨道2～3 mm宽，通过对比磨道留下的颜色可确定样品的成色。这种方法适应于在自然光和日光灯下使用，在直射的太阳光或白炽灯下不能使用。对金牌是中国人民银行委托制造的,分为两套:一套是不同金、银含量的清金牌;另一套是不同金、银、铜含量的混金牌。每套20多片。

步骤8　试剂法

在试金石上分别磨出被测样品和对金牌的金道,用45%的硝酸点试:真金不会发生变化,非金则会消失或起变化,如是银则会变黑色,铜冒绿色泡沫。

注意事项

以上步骤5至步骤8为有损检测,一般珠宝首饰营业员观察识别中不采用,其中每一种检测的方法都只能作为一种参考,需要综合考虑。

准确判断黄金的含量需要用专门的检测仪器鉴定。

镀金首饰与包金首饰的识别

镀金首饰、包金首饰的识别是通过查看印记,对镀金、包金首饰的成色或工艺金覆盖层的成色识别。

操作准备

工具准备:10 X 放大镜。

操作步骤

步骤1　首饰外观观察

(1) 耐磨性差,镀层或包金层易脱落,露出内胚金属的颜色。

(2) 在首饰的结合部位或棱角凹陷的地方,能见到均匀光滑展布的镀层或包金层。

步骤2　印记观察

查看印记(有时无印记则不能采用此方法),通过印记上标识的成色符号识别。

步骤3　直觉观察

(1) 相对纯金或K金首饰而言,密度小,用手掂无坠手感。

(2) 坠地声音清脆,能弹跳。

注意事项

以外观检验和印记观察为主。

第 2 节　铂　金

　学习单元 1　铂金的概念

➢ 了解铂金的历史与产地。
➢ 熟悉铂族元素。

一、铂金的历史与产地

人类对铂金的认识和利用远比黄金要晚，约有 2 000 年的历史。据考古资料考证，在公元前 700 多年时，古埃及人已将铂金加工成工艺饰品，中美洲的印第安人远在哥伦布发现新大陆之前，已盛行过铂金饰物。然而，除此之外其他地区的人们则对铂金一无所知。16 世纪由于西班牙殖民帝国的形成，铂金才逐渐流入欧洲。有记载的铂金制成首饰的只有 200 多年的历史，法国的路易十六国王和王后成为第一个拥有铂金饰品的人。从此，铂金声誉大增，身价跃于黄金之上，为达官贵人所宠爱。

铂金在地球上的储量非常稀少，是世界上最稀有的贵金属之一，除了每提纯 1 oz 铂金，需要开采 10 t 左右的矿石，还要花费五六个月的时间，相同重量的黄金，只需三周的时间即可从 3 t 矿石中提炼出来。全球有 60 多个国家发现并开采了铂金矿，但铂的储量多集中在南非、俄罗斯和加拿大等地，约占世界总储量的 98%。铂金的产出量相当于黄金的 1/20，铂金价格昂贵，色泽淡雅，是纯洁、高贵和典雅的象征。人们将铂金作为爱情的信物并做成结婚戒指，以示爱情纯真、天长地久。所以，铂金饰品越来越得到人们的喜爱，特别是年轻一代。在首饰行业将白色黄金称为"K 白金"，而铂金称为"白金"，以区分这两种白色贵金属饰品。铂金首饰主要流行在欧美、日本等经济发达国家和地区，其中日本人最钟情于铂金，日本有"铂金大国"之称。近年来，随着中国经济的发展，铂金首饰的产销量也迅速增长。中国铂族金属资源奇缺，每年产量仅能满足需求的1%。

二、铂族元素

铂族包含了铂、钯、铑、铱、钌、锇六种元素。因其有相似的化学和物理性质而统称为铂族元素。

铂族元素属于元素周期表第Ⅷ族的过渡元素，又称为稀有元素。六个铂族元素按密度大小又分为轻铂金属（密度约为12 g/cm³，如钌、铑、钯）和重铂金属（密度约为22 g/cm³，如锇、铱、铂）。铂族金属对可见光的反射率都较高，所以呈白色。它们都是难熔金属，熔点较高。铂族元素对酸的化学稳定性较高，钌、铑、锇、铱对酸的稳定性特别高。

在铂族元素中，铂金广泛应用于珠宝首饰业和化学工业，而用于珠宝首饰业的大约有40%，其他铂族元素则更多地应用于科学仪器设备、电阻及电镀材料，或与铂元素组成铂合金。如国际上米与公斤的标准器就是由含铑的铂合金制成，许多要求苛刻的实验仪器，也由铂和铂合金制成。

学习单元2　铂族元素的基本性质

学习目标

➢熟悉铂族元素的物理、化学性质。
➢掌握铂金的物理、化学性质。

知识要求

一、铂金及铂族元素的物理性质

铂族金属色泽美丽，延展性强，耐熔、耐摩擦、耐腐蚀，在高温下化学性稳定。因此，它们有着广泛的用途。在铂族金属中，人们最熟悉、用得最多的是铂金。它比贵金属中的黄金、白银等更加稀少和贵重。

纯净的铂金呈银白色至钢白色，具金属光泽，铂金的颜色和光泽是自然天成的，历久不变；硬度较低，为摩氏4~4.5；密度为21.45 g/cm³；延展性、可锻性强，接近金银，可拉成很细的铂丝，轧成极薄的铂箔；韧性也比其他贵金属高得多。1 g铂金即使拉成1.6 km长的细丝，也不会断裂；熔点高达1 763℃。导热导电性能好，导电系数为9.83×10^4，导热率为69.5 W/(cm·K)，电阻率为10.58 $\mu\Omega$·cm。

二、铂金及铂族元素的化学性质

铂族元素属于稀有元素，化学性质极其稳定，在空气中不氧化，不溶于强酸强碱，它们不仅不溶于普通强酸，甚至不溶于王水，但铂与钯都溶于王水，其中钯是铂族中较活泼的，它可以溶于浓硝酸和热硫酸。铂金不吸水银，并具有独特的催化作用。以下是六个铂族元素基本性质：

"钌"元素符号为Ru，原子序数为44，原子量101.1。密度12.3 g/cm³，熔点2 285℃，沸点4 880℃。

"铑"元素符号为Rh，原子序数为45，原子量102.9。密度12.41 g/cm³，熔点1 966℃，沸点3 700℃。

"钯"元素符号为Pd，原子序数为46，原子量106.4。密度12.02 g/cm³，熔点1 552℃，沸点2 900℃。

"锇"元素符号为Os，原子序数为76，原子量190.2。密度22.48 g/cm³，熔点3 045℃，沸点5 020℃。

"铱"元素符号为Ir，原子序数为77，原子量192.2。密度22.42 g/cm³，熔点2 443℃，沸点4 500℃。

"铂"元素符号为Pt，原子序数为78，原子量195.1。密度21.45 g/cm³，熔点1 763℃，沸点3 800℃。

学习单元3 铂金在首饰中的应用

学习目标

➢熟悉铂金首饰工艺特点。
➢掌握铂金首饰的纯度与表示方法。
➢能够对铂金首饰成色进行观察识别。

 **知识要求**

铂族元素用于首饰制作的主要是铂元素,其他元素则有部分作为铂的合金材料或电镀用。用铂金可以制成光洁精致的首饰,镶嵌钻石更能使钻石晶莹洁白、光彩夺目。

一、铂金首饰工艺特点

纯铂金硬度较低,颜色也略灰。纯铂金中加入5%的其他铂族元素或别的金属会提高铂金的硬度,增加可铸性,有的可使颜色白度增加,光亮度也更好,或更适宜于制作工艺的要求。大多数国家规定,铂金饰品若铂金的含量较低时,总的铂族元素的含量不得低于95%。如900铂金,其中至少需含5%的钯或铱等一种或多种铂族元素。只有美国允许"K铂"合金,如14 KPT(铂),含铂金量为585‰。

铂金首饰制作工艺和黄金类似。铂金的熔点较之黄金更高,因此对制作的技术要求也更加高超,只有技艺高超的工匠才能制作。

铂金首饰绝对不会使佩戴首饰者有过敏反应。

二、铂金首饰的纯度与表示方法

铂金的提炼困难,一般最高纯度99.9%。首饰中使用的铂金有以下几种不同的铂金含量和相应的表示法:"足铂"含铂金量千分数不低于990的,表示为"足铂"或"Pt990"。"950铂"含铂金量千分数不低于950的,表示为"铂950"或"Pt950"。"900铂"含铂金量千分数不低于900的,表示为"铂900"或"Pt900"。国际标准中规定常用的纯度为850,900和950(只有日本允许使用Pt1 000,含铂金成色达999‰)。

以钯为材料的首饰通常采用Pd为标识,同时把钯的含量标注在Pd右侧,如Pd950,为含钯90%的首饰。

 **技能要求**

铂金首饰的识别

铂金首饰的识别是对铂金饰品所含铂金含量的观察识别。识别铂金饰品真伪成色的方法有很多种,如听音韵、辨色泽、手掂法、标记法、烧熔法、自燃法、点试法等,与黄金首饰的识别一样,准确鉴定需要采用精密仪器检测。

操作准备

工具准备:10 X放大镜、水银、双氧水、火源。

操作步骤

步骤 1　听音韵

金、银饰品掷地声音沉闷，不弹跳，而铂金弹性大，掷地时会发出清脆的声音。

步骤 2　辨色泽

纯铂金为灰色调银白色，光泽灿烂，白K金的色为白色偏米黄色，白银的白色是洁白的，从表面颜色可以区分。

步骤 3　手掂法

铂金密度达 21.45 g/cm^3，通过同体积材料的掂重试验，铂金有沉甸甸之感，比K白金重，为白色18K金的120%（18K金的密度约为 14.64 g/cm^3）。铂金与白银也较易区分，铂金比银重，白银的密度为 10.53 g/cm^3，颜色较为洁白。

步骤 4　标记法

铂金首饰都有标准戳记。国际上用 Pt 或铂字样表示，如 Pt950 铂金成色为 950‰。

步骤 5　烧熔法

铂金熔点达到 1 769℃，远远高于K白金与白银。一般焊枪无法熔化铂金，据此可鉴别真伪。且铂金冷却后颜色不变。

步骤 6　自燃法

将首饰放于扭开的煤气灶口上几分钟，若首饰变红升温将煤气灶点燃，则为铂金制品。这是因为铂金可作为催化剂，促使煤气与空气中的氧发生氧化作用而发热，使铂金升温、发红以至于能点燃煤气。

步骤 7　点试法

（1）将水银抹在铂金上，铂金将不受污染，而黄金、白银则会与水银发生反应而受污染。

（2）在铂金首饰的边缘或中间凹陷处用锉刀锉些粉末放入双氧水瓶中，铂金能作为催化剂促使双氧水分解，放出氧气而上下翻腾，黄金、白银则不会反应。

注意事项

以上步骤5至步骤7为有损检测，一般珠宝首饰营业员观察识别中不采用，其中每一种检测的方法都只能作为一种参考，需要综合考虑。

贵 金 属

第3节 银

 **学习单元1 银的概念与特征**

 学习目标

➢ 了解银的历史与产地。
➢ 掌握银的物理、化学性质。

 知识要求

一、银的历史与产地

银是人类较早发现和利用的金属之一,中国古代银的生产可追溯到夏朝。到了春秋战国时期,银的生产已初具规模,应用范围也有所扩大,银被铸成银币进入了流通领域。银被发现后,就一直被用来衡量价值,直至20世纪初,还有一些国家仍用银元作为流通的货币。在古罗马时代,银器被贵族视为珍宝。中国很早就使用银筷,不仅能反映主人的富有,还被利用了银的化学特性,检验出食物是否被下毒(砒霜)。由于银矿藏量要比黄金多得多,所以价格低廉。银在首饰业中得以广泛使用,使更多的人能拥有贵金属的首饰。到了现代社会,银的用途更加广泛,大量应用于工业、科研、医药卫生、感光材料、焊接材料等领域,首饰用银的比例相应缩小。世界产银大国主要有墨西哥、美国和加拿大,中国是银资源中等丰富的国家,位居世界第六位,产量位居世界第三位,主要在中国有银都之称的湖南郴州、浙江仙居和河南豫北。

银生产的重要分水岭是在1492年哥伦布发现了新大陆,从而发现墨西哥、玻利维亚和秘鲁的银矿,因此带来了世界白银生产快速增长的巅峰时期。

二、银的物理性质

银的化学元素符号为 Ag，原子序数 47，原子量为 1 079，与金一样同属 IB 族元素（铜族元素）。其熔点较低，为 960.8℃，沸点为 2 212℃，密度为 10.5 g/cm³（20℃时），硬度与金相近，为摩氏硬度 2.7。银有着良好的导热、导电性，导电系数为 62.97×10⁴，高于其他金属，导热率为 418.68 W/（cm·K），电阻率为 1.59 $\mu\Omega$·cm（20℃时）。银的延展性仅次于金，1 g 银能拉约 2 000 m 的细丝，可轧成 10^{-4} cm 薄的银箔。银对可见光谱有很高的反射性，其发射率可达 93%，因而使银的色泽最接近纯白色。

三、银的化学性质

银的化学性质较稳定，在常温下不被氧化，但在空气中加热易生成氧化银，呈黄褐色，银与含有硫化物的气体会发生反应，在银的表面生成一层深褐色的硫化银。银与砷化物生成黑色砷银，如氧化砷（即砒霜）。银与卤素元素会发生反应，银的卤化物有感光性能，是良好的感光材料。银与硝酸会迅速反应，生成的硝酸银是重要的化学试剂。

学习单元 2 银在首饰中的应用

 学习目标

➤熟悉银首饰特征。

➤掌握银首饰纯度与表示方法。

➤了解银首饰的工艺特点。

➤能够对银首饰成色进行观察识别。

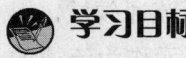 **知识要求**

一、银的首饰特征

银首饰的主要成分是银，其他成分还有铜、锌、镍等。银首饰大多采用手工方法制作，花样图案精美，常见动物、花草树木、佛道神话、吉祥文字等富有民俗特色的事物都能在银饰中表现。银饰品由于长期佩戴，吸收了人体的汗气和油脂，日久留下一种"神秘"的光亮，显得古朴、典雅，这就是所谓的"包浆亮"。银饰品在典当时，基本上还是采用材料成本估算法。

二、银首饰纯度与表示方法

首饰用的银一般有两种含银量：纯银与925银。含银量千分数不低于990的称为纯银，含银量千分数不低于925的称为925银或S925银，为银饰品的国际标准银，是92.5%的银加上7.5%的铜组合而成，含银80%为潮银，称为800银。

为了防止银的发黑和发黄，通常会在925银制品上镀白色的铑（业内称为"白金"），不镀上"白金"的则为"素银"。由于银的硬度低，易变形，一般银首饰以925银为主。

泰银又称乌银，源自泰国，国内流行的是将925银用泰国工艺硫化成"古银效果"，价格比925银镀白色K金还要便宜。市场上还出现过含有铂金的银首饰，含银量约在90%以上，另含有9%或6%的铂金，其余为铜，颜色为白色，因含铂量远低于国家标准GB 11887中的规定，不能属于铂金首饰。

三、银首饰的工艺特点

银的手工制作工艺复杂，主要有镂空、花丝、抛光、珐琅彩、镶嵌、鎏金、印模等。

银饰的"面饰"工艺是指专为银饰增加装饰效果的工艺，其中鎏金是最常见的"面饰"工艺。鎏金的银饰金光灿灿，考究的还包以金叶片，称为"包金"；其次，五彩斑斓的珐琅彩工艺也极大地丰富了银饰的色彩。

"面饰"工艺中，最精彩的为点翠，是将翠鸟的羽毛粘贴在特制的各种形状的银框内。翠鸟的羽毛色泽鲜艳、天然纯真，这种银饰不但受民间女性的宠爱，也深得宫廷女性的青睐。

"烧蓝"工艺是清至民国银饰的主要制作工艺。烧蓝，又名珐蓝，是珐琅的俗称，珐琅由铅丹、硼砂、玻璃粉等材料熔制而成，外观透明，有玻璃质感，色调优雅柔和，质感光洁细腻。

银饰品的镶嵌材料有珠宝翠玉、珊瑚玛瑙、琥珀松绿、玻璃等各种彩色宝石等，各色镶嵌材质与白银交相辉映，显示出富丽华贵的气质。

 技能要求

银首饰识别

银首饰种类繁多，一般都不同程度地掺些其他金属，成色复杂。银首饰的识别是对银

饰品所含银含量的观察识别。主要识别方法有辨色法、辨印记法、硬度法、条痕法、硝酸鉴别法或条痕化学法等，与黄金首饰的识别一样，准确鉴定需要采用精密仪器检测。

操作准备

工具准备：10 X 放大镜、试金板、硝酸、浓硝酸、铬酸钾。

操作步骤

步骤1 辨色法

根据银饰颜色鉴定其真假及成色。假银首饰色泽差而不光洁，低银首饰色微黄或灰，不精致；高银首饰细腻光亮且洁白。一般而言，850银呈微红色调，750银呈红黄色调，600银呈红色，500银则呈黑色。实际情况是，当饰品为银与白铜（铜镍合金）的合金时，800银呈灰白色，700银呈灰色，500银呈黑灰色；当饰品为银与黄铜的合金时，含银量越低，首饰颜色越黄。一般颜色洁白、制作精细的首饰成色都在九成以上，颜色白中带灰带红，做工粗糙的首饰成色多在八成左右，而颜色为灰黑色或浅黄红色的首饰成色则多在六成以下。

步骤2 辨印记法

银首饰印记，中国以千分数、百分数或成色数加"银"字表示成色，仿银首饰如白铜、锡、铅、锑、铁、镍等金属及其合金材料，或如亚银、镍银做的首饰是没有这些印记的。另外还有一种镀银或包银材料印记，国际上用P_nAg、L_nAg，n为覆盖层厚度（单位μm），也有用"SF"来表示镀银的。这样，正确地辨识印记就可以鉴定饰品是否为白银以及银的成色高低了。

步骤3 硬度法

纯银很软，用指甲即能刻动的是足银。如饰品软而不韧，则可能是锡或铅；如饰品硬而不韧，则可能是铜（白铜）、铁或其合金制品。

步骤4 条痕法

利用在试金板上划出的条痕来鉴定，在条痕上先滴浓硝酸后，滴铬酸钾，若有红色沉淀则表明是真，无反应者则表明是仿制品。在条痕上滴浓硝酸后加少许食盐，若有乳白色沉淀时表明是真银，而无此反应者为伪品。如果"先划"的条痕有上述反应，"后划"的条痕无上述反应，表明该饰品为包银或镀银材料。

步骤5 硝酸鉴别法或条痕化学法

用玻璃棒将硝酸滴到银首饰锉口处，高成色银呈糙米色或微绿色，低成色银呈深绿色，甚至黑色，无沫或仅在锉口处有沫。人们通常以"七绿、八黑、九白"这一口诀来鉴别白银的大体成色。具体鉴定成色的标准如下：点试呈白色或微带黄色，银成色为90%～

95%；点试后由白变黑或青色，银成色为80%～85%；如点试后呈浅绿或微绿色，银成色为70%～75%；点试后呈深绿，银成色为50%～60%；点试后有绿色泡沫，但仍有白色痕迹，表明成色很低；点试后没有任何痕迹，则可能是白铜。

注意事项

以上步骤3至步骤5为有损检测，一般珠宝首饰营业员观察识别中不采用，其中每一种检测的方法都只能作为一种参考，需要综合考虑。

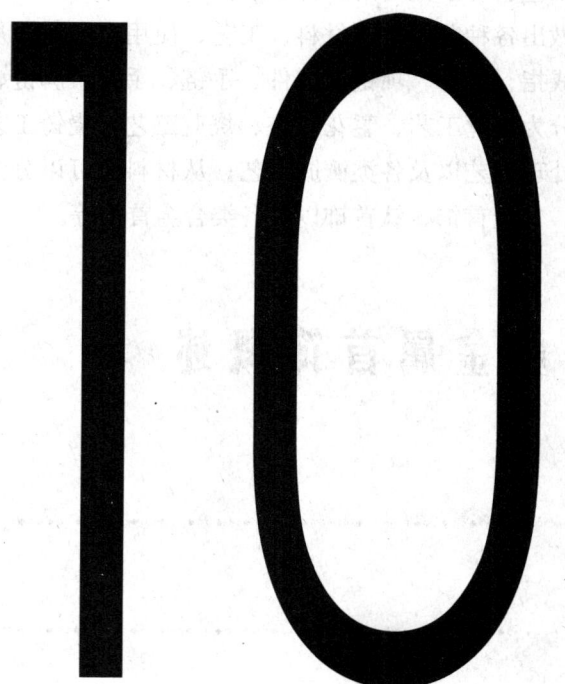

第 10 章

贵金属首饰

第 1 节　贵金属首饰概述　　　　　　　　　/212
第 2 节　仿金首饰与合金首饰概述　　　　　/218
第 3 节　珠宝首饰质量管理　　　　　　　　/221

随着时代的发展，人们对首饰的审美情趣不断发生变化，贵金属首饰日益丰富多彩、款式繁多、千姿百态，对首饰的制作工艺也有了更高的评价要求。

从不同的方面可以对贵金属首饰做出各种分类，如材料、工艺、使用对象等；从贵金属首饰的具体使用角度分析，可分为戒指、耳饰、项链、挂件、手链、手镯、脚链、别针和摆件等；从制作工艺的角度上可以分为花丝工艺、錾花工艺、烧蓝工艺、浇铸工艺、冲压工艺、批花工艺、电铸工艺、表面处理工艺以及各类镶嵌工艺；从材料上可以分为黄金首饰、K金首饰、铂金首饰、银首饰、仿金首饰、钛首饰以及各类合金首饰等。

第1节　贵金属首饰概述

学习单元1　贵金属首饰种类

学习目标

➢掌握贵金属首饰品种与类型。

知识要求

一、戒指、耳饰、项链、项圈首饰

戒指是首饰的典型品种，它是手指上的装饰品。戒指有较好的装饰效果，随着手的移动，更显示人的风采。品种上有非常多的变化，从单纯的光面戒到有各类装饰纹样、镶嵌各类珠宝的豪华款式；在款式上还有男款和女款之分。最主要的一点，戒指还是一种男女爱情的信物。

耳饰是佩戴在耳部的饰品，是一种非常有装饰性和表现力的首饰。由于它的款式多样，效果强烈而越来越受到人们的青睐。耳饰从造型来讲又可分成几种类型，有紧贴着耳朵的耳饰——耳插，有圈状式的——耳环或耳圈，有垂吊式的——耳坠。耳饰有着从细小雅致到硕大张扬的多种变化，有单纯简洁到昂贵豪华的各种类型。从佩戴的方式上讲，一

种是用细针穿过耳眼孔的,另一种是用弹簧或铝丝夹住耳垂的。此外,耳饰同样有男款和女款之分。

项链是佩戴在颈部的饰品,是一种人们比较喜爱的装饰品。多用于夏季和温暖季节。项链有着从精美细巧到连接着各种装饰件的多种种类,具体到项链的式样更是花样繁多。其中最受欢迎、最为流行的还属纯素金类的项链,包括纯金、各色K金和铂金。项链的搭扣形式,足金一般以钩子为主,K金则用含有弹簧的汇合圈等。

项圈也是佩戴在颈部的饰品,有封闭和开口型两种。封闭型的直接用银条弯成圆圈,两端互相绞绕,靠拉伸调节大小,如同现在珠宝店内拴挂在玉石饰件的丝线挂绳;开口型项圈大都为下部开口,接口处用装饰片或装饰锁穿连。项圈工艺有繁有简,简单的可以是一根素银条。

二、手镯、手链、脚链首饰

手镯是很受女性欢迎的首饰,它和手链一样是戴在手腕上的饰品。一些稍宽的造型,能显示出女性的端庄、稳重、富丽;而一些细巧精致的款式,则使女性更显灵巧可爱。品种主要有各种素金的、镶嵌珠宝的,及翡翠玉镯。手镯结构一般按连接方式可分为纹链折合或弹性搭扣。

手链是一种类似于项链的首饰,是戴在手腕上的饰品。手链的佩戴随意中透着华丽,在造型款式及结构上与项链有许多相同之处。

脚链也是人们喜爱的首饰,一般以细链为主,大部分都配以小挂件装饰。脚链的结构与手链、项链相似,它的式样变化多端,往往是在不经意间露出几分雅趣,增添几许精美。

三、挂件、别针、摆件首饰

挂件是与项链配套使用的装饰品,所以有时又称链坠等。挂件也有多种款式造型,有平面,也有立体的;有抽象的,也有具体的;有纯贵金属的,也有镶嵌珠宝的。在与项链的搭配上,要注意造型的协调一致,使两种饰品能相映生辉。

别针也称为胸针,是首饰的一个重要部分,它与其他饰物的佩戴之处有着明显的不同,以上介绍的都是与人的肌肤十分亲近的,而别针是戴在衣服上的,所以它与服装有着更直接的联系。别针造型款式可以是千姿百态,在设计制作上的空间局限大大缩小。别针的结构主要是在正面装饰花纹,反面装有保险扣。

摆件是珠宝首饰的重要组成部分,是案头及居室的高级工艺饰品,表现题材相当广泛。高档首饰摆件是首饰技艺的精华展示。摆件可分成镶嵌类和大件类。

首饰品种还有其他一些种类，如袖纽扣、丝巾扣、领带夹、发夹、皮带扣、腰饰和臂饰等。

学习单元2 贵金属首饰制作工艺

学习目标

➤熟悉贵金属首饰制作工艺。

知识要求

贵金属制作工艺以中国传统的金银首饰工艺为主，结合现代工业化技术生产的特点，采用了大量的精密机械化设备。除前述镀金、包金工艺外，主要有以下几种：

一、花丝工艺

花丝工艺是将金银加工成丝，再经盘曲、掐花、填丝、堆垒等手段制作金银首饰的不同精细花纹图案。

二、錾花工艺

錾花工艺通常使用钢制的各种形状的錾子，用小锤将钢錾花纹锤在过火后的条块状金银的表面。錾花工艺雕刻图案花纹有深有浅，富有艺术感染力。

三、烧蓝工艺

烧蓝工艺又称点蓝工艺，与"点翠"工艺相似，都是景泰蓝工艺，是一种嵌丝或掐丝珐琅工艺，对首饰可起到点缀、装饰、增加色彩美的作用。

四、镶嵌工艺

镶嵌工艺又称实镶工艺，以锤、锯、钳、锉、削操作为主，是将一块金、银、铂等贵金属经过锤打锻制，锯制成部分纹样，锉光焊接成一个整体形状，并将宝石固定在首饰贵金属形体上，富有立体感。

五、浇铸工艺

浇铸工艺是根据首饰设计样本制成橡胶模具，用铸造机进行首饰的成批生产的方法。该方法可提高工效，降低成本。

六、冲压工艺

冲压工艺是根据设计的饰品的款式，首先制成钢磨具，把准备好的原材料放入模具中，利用机器的压力制作出饰品，又称为压花工艺，表面的图案无闪光效果。

七、批花工艺

批花就是利用批花机对抛光后的半成品进行深加工，表面图案具有闪光效果，系刀具高速切削所为。

八、电铸工艺

电铸工艺属现代技术，其原理与电镀相同。

九、表面处理工艺

除了传统的抛光和电镀之外，现代表面处理工艺增加了磨砂、定砂、喷砂工艺等。通过这种工艺处理后，首饰表面色泽更加光亮、和谐。

学习单元 3　贵金属首饰镶嵌工艺

学习目标

➢ 掌握首饰镶嵌工艺的基本常识。

知识要求

一、首饰镶嵌的概念

一件首饰若是用单纯的贵金属制成的，一般称之为素贵金属饰品，如素金首饰、素铂金首饰。若与珠宝结合镶嵌就形成了珠宝镶嵌首饰。在珠宝镶嵌首饰制作中，能使贵金属与珠宝有机结合在一起，并组成一件完整的首饰品，这种制作工艺叫做镶嵌工艺，所以这类首饰又称为镶嵌首饰。珠宝的镶嵌工艺，对镶嵌首饰而言是至关重要的。为了镶嵌各类五光十色、大小不一、形状各异的天然宝石，使镶嵌首饰更加赏心悦目，形成了多种镶嵌方法。现代的镶嵌方法，较之传统工艺更是丰富多彩，工艺技法相互渗透、变化，应用灵活，技术更加精湛，能满足各种珠宝的镶嵌要求，使镶嵌首饰更具有表现力。精美的镶工能使珠宝更具诱惑力。

二、首饰镶嵌的齿镶、爪镶工艺

齿镶法是镶嵌宝石的一种最基本的方法，它的结构由钩住宝石的齿及托住宝石的底托两部分组成。齿镶法可有多种变化。如齿的数量可由二齿到多齿变化，以四齿最为常见。齿的形状有圆、半圆、方、扁、梯形等。底托既可做成直筒形或喇叭形，也可做成单层或双层，双层的还可以在中间加饰花纹。齿镶法一般适用于各种光泽强的宝石，能使宝石的表面尽可能地突显出来，呈现宝石的绚丽光彩，如图10—1所示。

爪镶法一般适用于透明、独立的圆形宝石，它是由齿镶法演变而来的镶嵌方法。将齿与底合二为一，即将底托的某部分分别延伸成为齿爪，形状一般为喇叭形。齿爪的数量有多种，一般以六爪居多。爪有多种形状，或方，或圆，或滴水，或马眼等，各有不同的装饰效果，如图10—2所示。

三、首饰镶嵌的钉镶、槽镶工艺

钉镶法又称为硬镶法，是一种常用的镶嵌宝石或钻石（特别是小钻石）的方法。它是在一定厚度的材料上打上孔成为底托，放上宝石或钻石后，用针刀剔出小齿将宝石或钻石嵌牢固，并将多余材料铲除干净。钉镶法可用于单独一粒宝石或钻石、多粒小颗粒宝石或钻石的镶嵌，形成绚丽多彩的效果。钉镶法可有多种变化，如齿的数量变化，共用一齿（即一齿镶两石）或多粒宝石、钻石的不同排列，如图10—3所示。

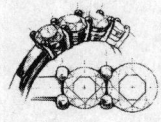
图10—1　齿镶

图10—2　爪镶

图10—3　钉镶

槽镶法又称抽槽，也是钻石镶嵌的一种常用方法。它是在平行的贵金属材料两边割出两条槽，然后将宝石或钻石排列放在槽中，并将宝石或钻石镶嵌牢固。槽镶法一般镶上多粒小颗粒宝石或钻石，外形可以是直线形，也可是弧形，宝石或钻石可圆、可方，也可梯形。这种镶嵌法，可使宝石或钻石排列整齐，连接紧密，形成光带效果，使宝石或钻石的光彩更强烈耀眼，如图 10—4 所示。

四、首饰镶嵌的包角镶、包边镶工艺

包角镶法是一种针对有棱角、脆性较大的宝石的镶嵌方法，使宝石不易受外力影响而破裂。它的特征是：在宝石的顶角处有一个与宝石角一致的夹角齿爪，并将宝石紧紧镶牢。此镶法适用的宝石有方形、马眼形、滴水形、心形等。包角镶法能使宝石镶嵌稳定牢固，若对宝石面上的齿爪进行一定修饰，会具有很好的装饰效果，如图 10—5 所示。

包边镶法是将宝石四周包上一圈贵金属边框，并用包边圈将宝石镶牢的镶嵌方法。它的结构是由与宝石外形大小相吻合的圈与宝石底托组成。包边镶法适用于大颗粒和较复杂形状的宝石，能使宝石的外形没有变化，贵金属与宝石的结合自然流畅，但视觉上宝石外形略有减小，如图 10—6 所示。

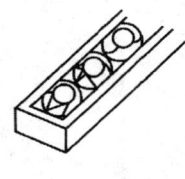
图 10—4　槽镶

图 10—5　包角镶

图 10—6　包边镶

五、首饰镶嵌的光圈镶、群镶工艺

光圈镶法又称批齿镶法，适用于独立的单粒宝石或钻石镶嵌。它的工艺特征是：在宝石或钻石外围有一圈较厚的边框向内侧倾斜，又极光亮，在边框的内侧根部批出几枚小齿将宝石或钻石镶牢。光圈镶法能使镶嵌的宝石或钻石更漂亮，显出光亮度，如图 10—7 所示。

群镶法也称为密镶法，为了使形状、大小一致的多颗小颗粒宝石或钻石紧密排列。可利用槽镶法密镶，也可用齿镶法、钉镶法，利用底托钻孔紧密排列密镶宝石或钻石，还可以用齿镶与槽镶结合起来的夹镶法，使宝石或钻石紧密排列。群镶法能使镶嵌的首饰更豪华、典雅，如图 10—8 所示。

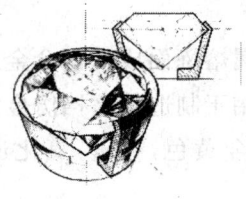
图 10—7　光圈镶

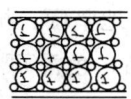
图 10—8　群镶

第2节 仿金首饰与合金首饰概述

学习单元1 仿金首饰

学习目标

➢ 掌握仿金首饰的常识。

知识要求

仿金首饰，标志"KF"表示仿金，其中"F"是FILLING（意为填补物）的缩写。档次较高的仿金首饰上常打印"KF"标记，仿金首饰是一种黄色或强金属光泽，仿黄金首饰。主要有铜首饰、亚金首饰、稀金首饰等。如"18 KF"表示是仿制成"18 K"的首饰品。

一、亚金首饰

亚金首饰是以铜为主体加入镍、锌等金属的仿"18 K"金的铜合金首饰。亚金首饰在色泽上极似黄金，抗腐蚀性能略亚于黄金，是一种常用的仿"18 K"金材料，主要用于工艺饰品。

二、稀金首饰

稀金首饰，是以铜、镍、锌为主体，加入稀土金属熔炼而成的铜合金，不含金。稀金具有耐磨性好、质地坚硬、抗腐蚀、不退色的特点，用于制造较高档仿金饰品。用稀金材料加工制成的饰品，色泽可呈"18 K"或"20 K"金黄色，不易氧化退色，适于日常佩戴。

 **学习单元2　合金首饰**

 学习目标

➢ 熟悉合金首饰基本常识。

 **知识要求**

合金首饰一般包括钛金合金、不锈钢材料等制成的首饰，具有耐腐蚀性，稳定性高，质地坚硬，是现代首饰材料的最新运用，常见于国外现代首饰设计。

一、钛金首饰

1791年英国化学爱好者W. 格雷戈尔（Gregor）在矿物中发现一种未知新元素。1795年德国化学家M. H. 克拉普鲁斯（Klaproth）在研究金红石（TiO_2）时发现了该元素，他用希腊神话中大地之子泰坦（Titan）的名字来命名（中文按其原文名称的译音，定名为钛）。在古希腊，"泰坦精神"就是勇往直前的同义词，用titanium的名字来命名表示金属钛所具有的天然强度。

钛（Ti），银灰色金属，是一种很特别的金属，比重4.5，熔点1 668℃，不与王水反应，性质特别稳定，强度大，质地非常轻盈，却又十分坚韧和耐腐蚀，不会变黑，在常温下终身保持本身的色调，经过电流和化学处理后，会产生不同的颜色。市场上俗称"钛金"。

钛既耐高温，又耐低温。在－253～500℃范围内都能保持高强度。这些优点正是太空金属所必备的。钛的合金是制作火箭发动机的壳体及人造卫星、宇宙飞船的好材料，因此，钛有"太空金属"之称。

钛的以上特性，以及特有的银灰色调，不论是高抛光、丝光、亚光都有很好的表现，是除铂、金、银以外，最合适的首饰金属。在款型设计工艺上，能进行极简干净的切割。钛高度的设计性与低调的前卫风格，备受时尚年轻人士的推崇，但由于钛的加工技术要求很高，很难形成生产规模。

市面上许多钛钢首饰，是在316 L不锈钢中加入少量钛，被消费者称为钛钢。国内有些所谓钛钢首饰或称为钛合金首饰其实不含钛，而是含有大量镍的不锈钢，是有害饰品，消费者应加以识别，不应购买。

二、不锈钢首饰

316 L不锈钢硬度大、不退色、不过敏、抗腐蚀，是良好的首饰材料，用其制造的首饰粗犷、简约、沉稳、含蓄、热烈、奔放，深受年轻人和成功人士的喜爱。

三、藏银首饰

藏银，是对在西藏、尼泊尔生产的，以镍、铜为主要成分，含银量极少或不含银的一种合金的雅称。传统上的藏银由30％的银加上70％的铜组合而成，后来都用白铜代替。藏银一般与绿松石、珊瑚搭配成镶嵌首饰。

四、合金首饰的鉴别检验

合金首饰的识别主要是观察首饰印记，或使用贵金属首饰测定仪分析鉴定。

目前市场上常用的专业合金首饰鉴别检验方法有电子探针法、XRF法和比重法，具体适用性见表10—1。

表10—1　　　　　　　　　三种主要方法的适应性比较

方法	纯金			K金	组合金饰	精度
	区分是否纯金	测简单饰品	测复杂饰品	测成色	测成色	
电子探针法	与比重法配合	可行	有效	最有效	最有效	高
XRF法	最有效	可行	最有效	待研究	不行	高
比重法	最有效	可行	差	要已知杂质	不行	低

第 3 节　珠宝首饰质量管理

学习单元 1　镶嵌首饰外观质量检验

 学习目标

➢ 了解珠宝玉石首饰行业质量监督方法。
➢ 熟悉珠宝玉石首饰外观检验要求。

 **知识要求**

一、珠宝玉石首饰行业质量监督方法

珠宝首饰行业质量管理由国家质量检验检疫管理机构负责，会同国家珠宝玉石质量监督检验中心和国家珠宝首饰行业组织，依照国家《产品质量法》以及珠宝首饰有关国家标准法规规定，定期或不定期检查的方式来监督管理，同时也遵照《消费者权益保护法》和相关经济法规的有关规定，管理监督珠宝首饰企业的经营行为。珠宝首饰质量管理主要包括成品质量和标识管理。

二、贵金属镶嵌首饰的外观工艺质量要求

整体造型美观，主题突出，立体感强；图案纹样形象自然，布局合理，线条清晰；堑刻花纹自然，整体平整，层次清楚。

表面光洁，无锉、刮、锤等加工痕迹，边棱、尖角处应光滑、无毛刺，不扎、不刮，无气孔，无夹杂物；表面处理色泽一致，光亮无水渍。

掐丝流畅自然，填丝均匀平整；浇铸件表面光洁，无砂眼，无裂痕，无明显缺陷；焊接牢固，无虚焊、漏焊及明显焊疤。

镶石牢固、周正、平服，硬镶齿应清楚均匀，抱爪长短与宝石相称，定位均匀、对

称、合理，边口高矮适当，俯视不露底托。

弹性配件应灵活、有力，装配件应灵活、牢固、可靠。

三、常规首饰工艺制作的质量要求

1. 指环（戒指）

圈口周正，活络指环，搭口应吻合、妥帖。尺寸应符合 GB/T 11888 规定。

2. 耳饰

左右对称，长短一致，夹头牢固，针尖略钝。

3. 项坠

挂鼻部位适当，重心正确。

4. 链条

链身基本垂直，不打转，不倾斜，链粒均匀、活络，搭口大小适当，与链身相匹配。

5. 镯

镯身平整、周正，镯轴平直，内部清洁。

6. 别针

别针焊接部位适当，针杆有韧性、弹性，针尖略钝。

7. 摆件

造型体现主题，内部清洁，无明显加工缺陷，表面无坑洼、变形。

四、贵金属首饰的使用和保养

佩戴黄金饰品应避免与水银（汞）、硫化物、酸碱物接触，也应尽量避免接触化妆品、肥皂、洗洁精等洗涤用品。

黄金和铂金两种首饰在佩戴时不宜直接接触，两者摩擦易使铂金表面发黄，如遇此情况，送专业珠宝店清洗可基本消除黄色。

彩色金编织链、花式链类及手镯等一般较细且多为空心结构的饰品应尽量避免拉扯和过度弯折，在睡眠及沐浴时应取下平整放妥。

在使用"S"扣和剪刀钩时，应注意要前后错开，不要左右硬掰。

贵金属首饰应定期清洗保养，可送专业珠宝店保养，也可购买专用首饰清洗液自行清洗。夏天佩戴黄金饰品（尤其是 18 K 黄金饰品）应经常清洗，防止因汗液长期滞留侵蚀造成饰品退（变）色。

贵金属首饰

学习单元2 珠宝首饰商品标识

学习目标

➢掌握首饰标识基本常识。

知识要求

为了便于管理，任何珠宝首饰商品都需要进行标识。珠宝首饰商品的标识按（GB/T 11887）的规定打印印记标识，印记要准确、清晰，位置适当，标明商品编码或货号。

一、首饰标识的基本内容

贵金属首饰的印记是指打印在首饰上的标识。印记内容应包括厂家代号（或商标）、纯度、材料以及镶钻首饰主钻石（0.10 ct 以上）的质量。

贵金属首饰标识应按照国家强制性标准 GB 11887—2008《首饰贵金属纯度的规定及命名方法》和国家质量监督局发布的《金银饰品标识管理规定》中的相关条款规定执行。每件贵金属饰品应当具有标识。

首饰生产企业在生产的每一件首饰产品上打有本企业代号的印记，既符合国际惯例，也是国家强制性标准中所要求的，任何经营性企业不得销售无印记的首饰。没有印记的首饰将被各地工商部门及技术监督部门视为不合格产品。

销售首饰的标签牌上应有：首饰名称、厂家（或代号）及地址、含量、质量、价格等内容；销售首饰的票据上应有：首饰名称、含量、质量、数量、价格。

二、首饰标识的打印规定

单件金银首饰重量小于 0.5 g 或难以标注的，印记内容可以免除。首饰由金、银、铂三种贵金属的两种或三种制作的，应同时打印相应的贵金属材料和含量印记。首饰零部件材料因强度和弹性的需要，足金首饰的特殊零部件含金量应不低于 750‰，铂首饰含铂量不低于 950‰。其特殊零部件的含铂量应不低于 900‰。当首饰的零部件不能与主体独立分拆时，不允许采用非贵金属材料，可采用降低纯度的办法。应当在零部件上同时打印含量的永久性标识，无法打印的应当予以说明。但是当首饰的零部件可以与主体独立拆分

223

时，允许采用非贵金属材料制作，但首饰重量应当是成品减去该零部件的重量。例如，黄金手镯的门头因工艺需要，金含量较低，就应该在门头上打上18 K金或900金的印记。

验看印记是检验任何首饰产品的第一步。应先看清账单上需打印记的内容，产品上是否打印正确完善。印记有三种：

表示首饰材料成色的印记，应符合GB/T 11887的规定。千足金手镯应在门扣的舌头上打相应的成色印记；黄铂混色金首饰应打上黄金成色和铂金成色的印记。

金刚石重量印记，当首饰上镶有主钻、辅钻时，应将主钻、辅钻的重量分别打印。

生产单位代号印记。此外有的首饰还打有制作者代号印记，各类印记应清晰可辨，有据可查。

印记的位置要适当，一般打印在首饰背面显眼的地方，以便于识别。项链打印在搭扣上；耳环打印在夹头上；挂件打印在挂攀上；鸡心片打印在尖角的一边；镯头打印在镯身背面；别针打印在背面或在背面贴一块打印，摆件打印在底部；戒指打印在指环内圈6∶15或6∶45处，不应打印在6∶30处，因有的戒指需改动手寸，如打印在6∶30处，戒环一经开刀或敲打，必将影响印记的清晰度。

三、首饰的其他标识物

贵金属首饰的其他标识物可以是一个或者数个，其他标识物的内容应当包括：贵金属首饰名称、材料名称、含金（银或铂）量、生产者名称、地址、产品标准编号、产品质量检验合格证明，按重量销售的金银铂首饰还应当包括质量。

其他标识物的内容由生产者进行标注，生产者与经营者对标注其他标识物的内容有协议的，按协议执行。在中国销售的金银铂首饰包括任何饰品的其他标识物所用的文字应当为规范中文，可以同时使用汉语拼音和外文。贵金属首饰的其他标识物一般表现为首饰的标签牌和销售票据。